Ferdinando. aut Altieri, Giambattista. pbl Pasquali

Grammatica della lingua inglese, che contiene un esatto e facil metodo per apprenderla; composta gia dal sig. Ferdinando Altieri professore di lingue di Londra, ora in questa nuova edizione molto accresciuta e migliorata. Aggiuntovi un vocabolario it

Ferdinando. aut Altieri, Giambattista. pbl Pasquali

Grammatica della lingua inglese, che contiene un esatto e facil metodo per apprenderla; composta gia dal sig. Ferdinando Altieri professore di lingue di Londra, ora in questa nuova edizione molto accresciuta e migliorata. Aggiuntovi un vocabolario it

ISBN/EAN: 9783741167911

Manufactured in Europe, USA, Canada, Australia, Japa

Cover: Foto ©Andreas Hilbeck / pixelio.de

Manufactured and distributed by brebook publishing software (www.brebook.com)

Ferdinando. aut Altieri, Giambattista. pbl Pasquali Grammatica della lingua inglese, che contiene un esatto e facil metodo per apprenderla; composta gia dal sig. Ferdinando Altieri professore di lingue di Londra, ora in questa nuova edizione molto accresciuta e migliorata. Aggiuntovi un vocabolario it

GRAMMATICA
DELLA LINGUA INGLESE,
CHE CONTIENE
Un efatto e facil metodo per apprenderla;

COMPOSTA GIA' DAL SIG.

FERDINANDO ALTIERI
Profeſſore di Lingue in LONDRA,

Ora in queſta nuova Edizione molto accreſciuta e migliorata.

AGGIUNTOVI
Un Vocabolario Italiano, ed Ingleſe copioſiſſimo, neceſſario per acquiſtare fondatamente l'una, e l'altra Lingua.

IN VENEZIA

MDCCLXXXIV.
Per GIAMBATTISTA PASQUALI
CON LICENZA DE' SUPERIORI, E PRIVILEGIO.

PREFAZIONE
DELL' EDITORE.

TUtte le antiche e moderne Lingue, usate da Popoli illustri e famosi, e coltivate da giudiziosi e facondi Scrittori, hanno questo di comune tra loro, che dopo d'essere andate crescendo da deboli ed oscuri principj a grado a grado, in un certo tempo finalmente alla loro perfezione e grandezza arrivate, rendono ammiratori di sè, e coltivatori studiosi, coloro, a' quali son elleno vicendevolmente straniere. Ha ogni linguaggio il suo secolo, in cui si può dir che fiorisca, e faccia tal pompa con la moltiplicità degli Autori, e con la sodezza degli Scritti, che diventa allora necessità, non che ornamento a' Letterati d'ogni Nazione il farne studio, ed acquistarne l'intelligenza, per non privarsi degli ajuti, che al loro progresso nelle scienze e nell'arti recar possono l'opere e le fatiche da grandi ingegni in quell'idioma prodotte. In fatti se per la Greca, e per la Latina, nobilissime antiche favelle; se per l'Italiana, per la Francese, e per l'Anglicana, quanto al crescere e fiorire moderne, discorreremo, si vedrà, che la Greca coltivata da uomini di gran senno era giunta nel secolo di Demostene, o poco dopo a tale purità e forza, che ormai di tutte le scienze e belle cognizioni fatta istromento e depositaria, dovette da quasi tutto il mondo studiarsi ed appararsi; donde poi

è ve-

PREFAZIONE.

è venuto quell'infinito numero di Scrittori di Nazioni dalla Greca differenti e rimote, i quali ci hanno lasciato in cotesto linguaggio monumenti del loro ingegno pregiatissimi e durevolissimi. Toccò anche al Latino Idioma il suo punto di perfezione nel Secolo d'Augusto, in cui non più invidiando al Greco suo fonte, parve, che lo soverchiasse, e scorresse tant'oltre, quanto appunto erasi allor dilatato il Romano Impero. Dell'Italiana, e della Francese l'istessa cosa è da dire. Fiorì quella più che in altro tempo, due secoli fa, quando puliti e dotti Scrittori la coltivarono, i quali fecero, e fanno ancora le delizie non sol dell'erudita Italia, ma di ogni colta gente. Mezzo secolo, o poco più è scorso, dacchè è giunta al suo vigore la Lingua Francese, la quale ha prodotto, e produce tutto giorno scritti in ogni genere di Letteratura così perfetti, e di tale utilità, o sapere per ogni fatta di Leggitori, che ormai rendesi necessaria, ed è divenuta anche comune appresso ogni pulita Nazione. Quasi la medesima Epoca di coltura e di perfezione, che al Francese Linguaggio s'assegna, può darsi fondatamente alla Favella Inglese, per occasion della quale siam venuti a dire dell'altre. E perciocchè ad agevolare e promovere lo studio di cotesta Lingua in Italia, dove ha già molti famosi Letterati della sua bellezza e forza invaghiti, particolarmente in Toscana, abbiam giudicato opportuno il darne fuori una buona Grammatica; ragion vuole, che rendiamo palese, per quanto è in nostra facoltà, il di lei pregio, e la sua condizione. Per lo che fare, prenderemo lumi e notizie dagli erditissimi Scritti di due famosi Autori Inglesi, *Walis*, e *Greenwood*.

E per

PREFAZIONE.

È per dirne prima qualche cosa generalmente, la Lingua Inglese, cioè quella, che parlasi oggidì non solo in Inghilterra, ma nella Scozia, non è quell'antica Lingua Britanna, di cui anticamente servironsi i popoli Britanni, nè tampoco alcun ramo di essa; ma una affatto diversa lingua, portata nella grand'Isola da parti estranie. Ne' tempi più rimoti si parlò in Inghilterra un antichissimo Linguaggio, pieno di bellezza e di eleganza, comune con gli abitatori vicini della Gallia, cioè dell'antica Francia. Imperciocchè, o sia che quest'Isola fosse un tempo con la Gallia per un Istmo congiunta, o che sempre ne sia stata per lo mare divisa, ma abbia avuto con essa per cagion di vicinanza commerzio; quest'è certo, che ambedue le Nazioni hanno anticamente avuto l'istessa Lingua, e gl'istessi costumi. E per verità i *Galli*, e i *Walli*, cioè gli abitatori di Francia; e *Walles*, hanno una denominazione comune; imperocchè lo scambio delle Lettere G, e W è ordinarissimo; e *Wallia*, che gl'Inglesi chiamano *Walles*, è nel linguaggio Francese *Galles*. Ognuno accorda, che i popoli chiamati *Walli*, o *Wallones*, sono i Galli, o Francesi, e singolarmente gli abitatori dell'*Artesia*, e delle parti adjacenti. Che se vuolsi avere un saggio di voci Francesi, significanti lo stesso nell'Inglese, senza quasi altra mutazione, che del G nel W, eccone una schiera: *guerre*, *garant*, *gard*, *gardien*, *garderobe*, *guise*, *guile*, *gage*, *guichet*, *guimblet*, *guerdon*, *Guillaume*, *gagner*, *gaver*, *guetter*, &c. *War*, *warrant*, *warden*, *wardrobe*, *wife*, *wile*, *wager*, *wicket*, *wimble*, *reward*, *William*, *to win*, *to waste*, *to wait*, &c.

Ora quest'antica Favella, comune a tutte e
due

due le Nazioni, è al presente quasi per tutto perduta. Per quello appartiene alla *Gallia*, o *Francia*, dopo che i Romani la soggiogarono, sforzaronsi d'introdurvi il loro proprio linguaggio; e perciò pubblicarono tutti i loro Editti, ed altre Scritture in Latino; così che il vecchio idioma *Cantabro*, o *Biscaino* usato nella Spagna, e l'antico Francese andarono a poco a poco in disuso, e soggiacquero in un co' popoli al Romano dominio; ed in loro luogo succedette una spezie di mezzo Latino, che chiamossi *Romanesco*, nel quale erano mescolate alcune voci dell'antica Lingua non del tutto abolita.

Ella ebbe l'istesso destino presso gl'Inglesi; imperocchè quantunque fosse rimasta incorrotta sino ai tempi de'Romani; tuttavia quando Giulio Cesare, ed altri dopo lui estesero il Romano Impero sino ai lidi della Bretagna, sofferse qualche alterazione; ma per la gran distanza da Roma, e perchè non vi concorrevano Romani in tanto numero, come dappoi, fu minore il suo cambiamento, di quel che sofferfero i Galli, gli Spagnuoli, e Lombardi, come popoli più a Roma vicini.

Si mantenne dunque la Britanna antica Lingua quasi non tocca per l'invasione de'Romani, finattanto che gli *Anglosassoni*, popolo della Germania, vennero nella Bretagna intorno all'istesso tempo, ch'entrarono i *Franconi* nella Gallia sotto Faramondo lor Re, e dopo lunghe Guerre s'impadronirono del Regno. Questo nuovo Popolo ne discacciò i Britanni insieme col loro linguaggio, alcune reliquie de' quali abitano nulladimeno ancora le parti montuose della *Cambria*, o *Walles*, e sono chia-

PREFAZIONE.

mati *Welch*, e confervano tuttavia il loro antico idioma, come pur fanno i *Cornubiani* nell' eftremità della *Cornubia*, o *Cornwal*, chiamandola *Cornish tongue*, cioè *Lingua Cornubica*. Così nè più nè meno i popoli d' Irlanda (dove non trovo, che fieno mai i Romani, o i Saffoni venuti) hanno una favella, che molto s'avvicina e fomiglia al *Welch* de' Cambri. Ciò non oftante Scaligero nel fuo libro de *Linguis Europæ*, ed altri, da' quali è feguitato, particolarmente Merula nella fua Cosmografia, tengono, che l'Irlandefe fia un Linguaggio originale diftinto dall' antico Britanno; lo che è uno sbaglio manifefto, come è già ftato offervato dal Camdeno; nè la cofa ha più bifogno di prove.

Ora i Saffoni effendo divenuti padroni e poffeffori delli' antiche Sedi de' Britanni, nominarono le Provincie da loro conquiftate *England*, e la lingua portatavi feco, *English*, cioè Inglefe; la quale comunemente chiamafi oggidì *Saffonica*, od *Anglofaffona* per diftinguerla dall' Anglica moderna, accrefciuta colle ricchezze di molti altri linguaggi. Ma l'Anglofaffona, ficcome pure la Germanica, l'Ollandefe, la Svedefe, ec. è un ramo dell' antica Teutonica. Corefta favella degli Anglofaffoni rimafe pura nella Bretagna fino al tempo de' Normanni fotto Guiglielmo lor Duca, chiamato il Conquiftatore, il quale impadronitofi dell' Inghilterra, e condottivi feco molti Normanni, alterò il Linguaggio, e v' introduffe moltiffime parole della Lingua di Francia, delle quali è pieno l' antico Inglefe.

Per quefti cambiamenti, e per quefte alterazioni col lungo andar de' tempi la lingua Anglofaffona è venuta a fiffirfi, e perfezionarfi nell'

In-

Inglefe d' oggidì. A fin di rifparmiare il tedio a' Lettori, fi tralafcia di addurre efempj di quefte alterazioni, benchè fe ne potrebbero avere quafi d' ogni fecolo, principiando dugent' anni innanzi al Mille. Quanto alle mutazioni moderne, gli efempj ne fono i libri intieri di *Shakefpear*, di *Ben Johnfon*, di Mylord *Bacon*, di *Milton*, di *Waller*, di *Cowley*, autori del fecolo paffato, le opere de' quali fono e nell' Inghilterra e fuori celeberrime, e vanno per le mani di tutti. Che fe fcorrer vorremo gli Scritti de' più recenti, come di *Garth*, di *Congreve*, di *Prior*, di *Steele*, d' *Addifon*, Scrittore oltre ogni credere erudito ed elegante, di *Pope* eccellente nella Poefia e nella Critica, e traduttore e comentatore d' Omero (che finì di vivere, ha pochi anni) e d' altri in gran numero; vi troveremo fempre nuove efpreffioni, con le quali hanno arricchito, ed arricchifcono il lor linguaggio, il quale non è men libero, che la Nazione, da cui fi parla. Non ha effo quel ritegno fcrupolofo e fervile dell' altre Lingue, le quali sbandifcono ogni termine ed ogni locuzione foreftiera, vane cotanto e fuperbe della loro natìa pretefa ricchezza, che non degnano di fupplire con l' altrui al loro manchevole. Gl' Inglefi, che per lo più non fi mettono a fcrivere, fe non dopo d' avere imparate più Lingue, o antiche o ftraniere, e fopra tutto la Greca, e la Latina, dove loro abbifogni qualche voce, o qualche efpreffione viva, propria, ed energica, fe in cafa non l' hanno, fe la procacciano fuori. Di tal licenza fono in poffeffo gli Scrittori puliti e dotti; nè lor mai fi contrafta, purchè nel recare dall' altre Lingue nuovi termini, ofservi l' *analogia*, e l' *idiotifmo*, che fanno l' effenza ed il carat-

rattere della lingua loro. Quindi viene ad abbellirſi l'*Ingleſe*; che ſe ben ſi conſidera, per la ſua energia, e per la ſua fecondità non la cede ad alcun Linguaggio antico o nuovo.

Nè l'eſſer ella troppo carica di monoſillabi è uno ſvantaggio, o un difetto, ſiccome ha voluto qualcheduno per cagion di ciò tentare di ſcreditarla. Imperciocchè tralaſciando di dire, che quindi ne ſpicca la ſua antichità, ſe è vera l'aſſerzione del Salmaſio, che ſcrive: *Certum quippe eſt, linguas omnes, quæ monoſyllabis conſtant, eſſe ceteris antiquiores. Multis abundavit monoſyllabis antiqua Græca; cujus veſtigia apud Poetas, qui antiquitatem affeĉtarunt, remanſere non pauca* (De re Helleniſtica pag. 390.) io v'oſſervo più toſto un ſingolariſſimo vantaggio; ed è, che gl'Ingleſi poſſono eſprimere più coſe più in breve, che qualunque altro idioma. E quantunque i monoſillabi non pajano eſſere a propoſito per lo numero, o metro, ciò non oſtante cotal felicità di compor metrico, che è particolare al Linguaggio Ingleſe inſieme co' Greci, rende la lor poeſia muſicale del pari ed armonioſa, quanto quella di qualſivoglia altra Nazione del Mondo. Ed il Sig. *Dennis*, ch'è ottimo giudice, dice, che l'*Ingleſe* è più forte, più pieno, più ſonoro, più ſignificante, e più armonico, che il Franceſe. So beniſſimo, dic'egli, che molti non vorranno accordarmi queſt'ultima condizione: ma egli ne allega queſta convincente prova; cioè che hanno gl'Ingleſi la verſeggiatura ſciolta, che non è già priva d'armonia; dove i Franceſi ſenza l'ajuto della Rima non giungono felicemente al numero poetico. E la dotta ed ingegnoſa Signora *Elſtob* ha dati varj eſempj de' Poeti Ingleſi, che baſtante-

PREFAZIONE.

temente provano, eſſervi una ſegreta dolcezza ed armonia ne' verſi compoſti di monoſillabi artifizioſamente collocati (Prefaz. alla ſua Grammatica Saſſonica pag. 13.) Io ne addurrò tre eſempj, ch'eſſa ha tratti fuora, prima dall' Opera del Signor *Dryden*:

Arms and the Man I ſing who forc'd by Fater.
L' Armi, e l' Uomo Io canto, che ſpinto dal Deſtino.
Trad. dell' Eneid. di Virgilio.
poi dal Sig. *Creech*:
Nor could the world have born ſo fierce a flame
Nè avrebbe il mondo ſoſtenuta sì violenta fiamma.
e finalmente dal famoſo poema ſopra il Tamigi del Sig. *Denham*:
Tho' deep yet clear; tho' gentle-yet not dull,
Strong without rage, without o'er flowing full.
Ancorchè profondo, tuttavia chiaro; ancorchè placido, non però ſtagnante,
Gagliardo ſenza violenza, ſenza ſormontar le ripe pieno.

Non ſentirà in vero tutta la dolcezza di queſti verſi chi non ha qualche familiarità nella lettura Ingleſe; ma non ho tralaſciato di quì recarli, perchè ſono più facili, che gli altri di voci di più ſillabe compoſti, a leggerſi, a cagion dell' accento, che quì non dà impaccio. Per altro è veriſſimo, ed hannoſene ſperimentali argomenti, non v'eſſer ſoggetto, che non poſſa nobilmente e felicemente, ed in più modi veſtirſi in Lingua Ingleſe, la quale ha tutto quello, che è neceſſario per rendere completo un Linguaggio; perchè, come diceva, ell' è ſignificante, facile, copioſa, e dolce. E per finir di dare il caratttere di queſta Lingua, mi

PREFAZIONE. xiii

mi ristringo a proporre un saggio della sua copia in due sole parole, *Anger* (collera), e *Striking* (l'azion di battere). Ora gl'Inglesi per esprimere la passion della *Collera*, hanno tutte le seguenti voci: *Wrath*, *Passion*, *Passionate*, *Sharpness*, *Rage*, *Fury*, *Out-rage*, *Pet*, *Choler*, *Gaul*, *Fume*, *Storm*, *Fret*, *Pett*, *Chafe*, *Vex*, *Take on*, *Inflame*, *Kindle*, *Irritate*, *Inrage*, *Exasperate*, *Incense*, *Provoke*, *Move*, *Sullen*, *Hasty*, *Furious*, *Outragious*, *Mad*, *Look big*, *Implacable*, *Stomach*, *Animosity*, *Heart-burning*, *Rough*, *Hot*, *Snappish*, *Curst*, *Snarle*, *Snuffte* ec. Così per la parola *Striking* si servono delle seguenti: *Smite*, *Bang*, *Beat*, *Bast*, *Buffet*, *Cuff*, *Dash*, *Hit*, *Swinge*, *Thump*, *Thwack*, *Blow*, *Stripe*, *Slap*, *Flap*, *Rap*, *Tap*, *Wince*, *Spurn*, *Bob*, *Box*, *Fillip*, *Whirret*, *Yerke*, *Pummel*, *Punch*, *Rebuff*, *Percussion*, *Repercussion*, *Collision* ec. In oltre dicono, *to seeth*, ovvero *boil broth*, allessare, bollire: *to stew prunes*, cuocere nella stufa delle susine: *to poach Eggs*, far cuocere degli ovi nella padella: *coddle*, cuocer allesso; *bake*, cuocer nel forno. Per tutte le quali espressioni, *to seeth*, *stew*, *poach*, *coddle*, *bake*, hanno i Latini solamente la voce *coquere*; perocchè *pinsere* non è far pane, nè cuocerlo: *In pistrino autem pinsuntur farra, uti prodeat farina, unde panes confiant: in furno, quo sint esui demum coquendi*: siccome l'erudito Gatachero ha osservato.

E' porta dunque il pregio d'abbracciare lo studio d'una Lingua, la quale ha doti cotanto singolari, e che oggidì veramente fiorisce; nella quale finalmente si scrivono di continuo opere in ogni genere, piene di un'erudizione fondata e
legit-

legittima, e di penfamenti fodi e grandi. Le penne de' Francefi oramai quafi non fono in altro occupate, che in tradurre nella lor lingua le dotte Scritture, che vanno pubblicandofi dagli Autori Inglefi; benchè troppo gran numero ne rimane di originali e non tradotte, che meriterebbono queſt' onore più che altre. Appena uom potrebbe credere, qual copia e varietà di fcritti in meno di un fecolo abbia prodotti la lingua Inglefe; e quanto vantaggio ne verrebbe a tutto il Mondo letterato, fe diventaffero più noti ed ufuali anche alla noftra Italia, per l'avanzamento degli Studj. Vi fono nell'*Inglefe* Dizionarj perfettiffimi univerfali, e particolari, etimologici, e critici di tutte le fcienze e di tutte le arti. Hanno nella lor lingua gl'Inglefi opere di Geografia, Storie d'ogni Nazione, fcritte con un' ampiezza proporzionata, con un' accuratezza, e con una precifione critica fingolari: hanno fcritti di Medicina utiliffimi per una pratica ficura e ragionevole: hanno tutti gli Autori claffici Latini, e Greci tradotti e dottamente fpiegati; hanno un numero infinito di autori eleganti e puliti, sì nel verfo, che nella profa, ne' quali tal novità e grandezza di penfieri fpicca & riluce ordinariamente, che l'erudizione Greca, e la Latina oggidì non baftano per avere un faggio di tutte le bellezze in quefto genere; e conviene aver letti gli Autori politi Inglefi prima di giudicare dell' ultima finezza, di tutto il gentile, e di tutto il fublime nell'opere d'ingegno. Tutto quello in fomma, che in materie d'erudizione, di fifica, di ftoria, di lettere umane, di eloquenza è ftato fcritto, e fi fcrive nell'*Inglefe* Favella, è degno, che ci fia fatto

più

più comune, e sopra tutto senza bisogno d'interprete sovente infedele ed imperito.

A fine di cooperare in qualche parte a questo poco men che nuovo accrescimento della nostra Letteratura, si dà fuori una ristampa della miglior Grammatica di questa Lingua. E per renderla più utile e più completa, le si sono fatte non dispregevoli aggiunte in questa Ristampa. Elleno consistono 1. In un breve e chiaro, e bastevole divisamento sopra gli Accenti; di che non avea parlato l'Autore, e che non doveva omettersi, attese le regole particolarmente circa l'accentare le parole nella Lingua Inglese. 2. In due osservazioni utili per la costruzione Inglese, cioè della *Trasposizione delle Parole*, e della *Ellissi*, ovvero Omissione di alcune voci nel Discorso. 3. In tre Esercizj Grammatici, analitici, per rassodamento delle regole: le quali cose si sono cavate, parte da una Grammatica Inglese esattissima del Signor Greenwood, e parte da un libro moderno intitolato *The Art of Reading Writting English* del Signor *Watts*: e per ultimo in un copioso e ricco Nomenclatore, che in gran parte supplisce al Dizionario, e serve a' principianti di repertorio, e d'esercizio per la memoria; il quale tanto più giovar potrà, quanto che i termini Italiani corrispondenti agl'Inglesi sono i più puri ed i più proprj. Per altro affinchè s'abbia da qui innanzi una suppellettile intera per lo studio Inglese, si pensa di volere stampare altresì il perfettissimo Dizionario Inglese-Italiano, ed Italiano-Inglese, pubblicato ultimamente in Londra dal medesimo Autore della Grammatica. Non abbiam finalmente

nalmente voluto separare dalla Grammatica Inglese per gl'Italiani l'Italiana per gl'Inglesi, come pur si trovano unite nell'Edizione di Londra; acciocchè il nostro Libro servir possa a tutte e due le Nazioni, e contribuire maggiormente alla diffusione dell'uno, e dell'altro Linguaggio.

GRAM-

GRAMMATICA
INGLESE
PER GL' ITALIANI.

Della pronuncia delle Lettere Inglesi.

GL' Inglesi si servono di ventiquattro Lettere, e sono

A, b, c, d, e, f, g, h, i, k, l, m, n, o, p, q, r, s, t, u, w, x, y, z.

Si pronunciano generalmente così, viz.
E, bi, si, di, i, f, gi, ecce, ai, che, l, m, n, o, pi, chiu, r, s, ti, ju, doppio ju, ex, guei, ized.

Le Lettere si dividono in vocali, e consonanti.
Le vocali sono sette.

A, e, o, u, w, y.

Tutte le altre sono consonanti.
Della pronuncia delle vocali, e dei Dittonghi.

A.

A, si pronuncia generalmente come l' E aperto in Italiano. ex.

GRAMMATICA INGLESE

Grace,   Gres,   grazia.
Place,   Ples,   luogo.
Table,   Tebl,   tavola.
Plague,   Pronunciate,   Pleg,   peste.
Pale,   Pel,   pallido.
Lame,   Lem,   zoppo.
Shame,   Scem,   vergogna.

Eccezioni.

A, avanti una consonante in una medesima sillaba si pronuncia come l'A Italiano, ma non troppo aperto, come in queste parole, Art, Action, glad, sad, a Rat, a Cart.

Avanti, l, r, u, e w, si pronuncia come in Italiano, ma molto lungo, come nell'interjezione ah. ex. fall, call, salt, malt, far, hard, clam, cause, claw, raw.

A, non si pronuncia dopo E; ex.

Bread,   Bred,   pane.
Death,   Deth,   morte.
Dead,   Ded,   morto.
Meat,   Pronunciate,   Mèt,   carne.
Meal,   Mèl,   pasto.
Ready,   Redi,   pronto.
Leave,   Lèv,   congedo.

Eccetto queste parole derivative.
Genealogy, Beatitude, Creation, Real, Theater. Creature, creatura si pronuncia Critur.

A, non si pronuncia nè meno appresso O. ex.

Coach,   Cech,   carozza.
Oak,   Ock,   quercia.
Approach,   Pronunciate,   Approch, approccio.
Boar,   Bor,   verro.
Choak,   Cioc,   strangolare.
Cloak,   Clec,   mantello.

A,

A, *nel principio d'una parola, seguitato da due consonanti, si pronuncia sempre come* A, *in Italiano.*

E.

Vi sono tre sorte d'e in Inglese; il primo si chiama Mascolino, e si trova alla fine delle monosillabe, e si pronuncia come l'i Italiano. ex.

Be,		bi,	sii tu.
He,		bi,	egli.
Me,	Pronunciate,	mi,	me.
She,		sci,	ella.
We,		gui,	noi.

L'e è *anche mascolino nel principio delle parole seguenti;* Ear, *orecchio;* evil, *male;* even, *uguale;* Evening, *sera;* Ew, *una pecora;* Ewer, *abbeveratojo;* Europe, *Europa.*

Il secondo e si chiama femminino, e si trova alla fine di molte parole, ma il suo suono si fa appena o quasi niente sentire; e la vocale che la precede si pronuncia lunga.

Grace,		gres,	grazia.
Shade,		sced,	ombra.
Game,		ghem,	giucco.
Shape,	Pronunciate,	scep,	statura.
Bane,		ben,	peste.
Gate,		ghet,	porta.
Knave,		nev,	furbo.

Il terzo e si chiama neutro, o aperto, e si trova avanti le consonanti nel principio, o nel mezzo delle parole; e si pronunzia come l'e aperto in Italiano. ex.

Ebbing, *riflusso.*
Edge, *taglio.*
Effect, *effetto.*

4 GRAMMATICA INGLESE

Egg, *Uovo*.
Ell, *misura di due braccia in circa*.
Element, *Elemento*.
To escape, *Scampare*.
To Esteem, *Stimare*.
Negligence, *Negligenza*.
Red, *Rosso*.
Left, *Lasciato*.
Hell, *Inferno*.
Step, *Passo*.

Due e si pronunciano come un j *lungo*. ex.

To see,   Pronunciate.   To si, *vedere*.
To feed,   To fid, *pascere*.
Need,   Nid, *bisogno*.
Queen,   Quin, *regina*.
To keep,   To chip, *mantenere*.
To sleep,   To slip, *dormire*.
Feet,   Fit, *piedi*.
Fleet,   Flit, *armata*.
Street,   Strit, *strada*.

L'e femminino alla fine d'una parola muta il suono della vocale che la precede; la qual vocale diventa lunga. ex.

Mad, *pazzo*; made, *fatto*.   meed.
Fat, *grasso*; Fate, *Destino*.   feet.
Hat, *cappello*; hate, *odiare*.   heet.
A Mill, *mulino*; Mile, *miglio*. si pronunciano. meil.
Thin, *minuto*; thine, *tuo*.   thein.
Bit, *pezzo*; bite, *mordere*.   beit.
Not, *non*; note, *pollizza*.   noot.
Plum, *prugno*; plume, *piuma*.   pluum.
Tun, *botte*; tune, *Aria, o tuono musicale*. tuum.
Win, *guadagnare*; Wine, *Vino*.   guein.
Still, *ancora*; stile, *stilo*.   steil.

E

E avanti m, ed n, si pronuncia come in Italiano. ex.
Men, *Uomini*.
Ten, *dieci*.
Then, *dunque*.
Whence, *d'onde*.
French, *Francese*.
Lent, *Quaresima*.
Lend, *imprestare*.
Send, *mandare*.
Repent, *pentirsi*.
Offence, *offesa*.
Pretence, *pretesto*.
Length, *lunghezza*.
Strength, *forza*.
Eminence, *eminenza*.
Emphasis, *enfasi*.

Eccetto English, *Inglese, che si pronuncia* Inglish.

E, *non si pronuncia in queste parole*, Heart, *cuore*; hearken, *ascoltare*.

Eo *si pronuncia in questa sola parola come un* i; People, *popolo*, pron. *Piple*.

Ew *si pronuncia come* iu *separatamente*. ex. Blew, *turchino*; Dew, *rugiada*.

Eccetto shew, *mostrare, che si pronuncia* scio.

I. Vocale.

I, *ha diverse pronuncie in Inglese; qualche volta ha due differenti suoni, ed allora si pronuncia*, ai, *o* ei; *qualche volta si pronuncia come in Italiano; e qualche volta si pronuncia come un* e.

I, *si pronuncia* ei *avanti una semplice consonante, seguita da un* e. ex.

Life,

GRAMMATICA INGLESE

Life,   Leif, vita.
Crime,   Creim, delitto.
Fine,   Fein, bello.
Desire,   Difeir, desiderio.
Time,   } Pronunciate, {   Teim, tempo.
Rise,   Reis, levarsi.
Pride,   Preid, orgoglio.
Twice,   Tueis, due volte.
Smile,   Smeil, sorriso.
Price,   Preis, prezzo.

I, si pronuncia ai, in queste parole; mine, mio; thine, tuo. pron. mai, thain.

I, si pronuncia come in Italiano avanti due consonanti, ed avanti una sola consonante, non essendo seguita d'un e. ex.

Rib, costola.   him, lui.
Rich, ricco.   swim, nuotare.
Sick, ammalato.   begin, cominciare.
Gift, dono.   sin, peccato.
Big, grosso.   thin, sottile.
Kill, ammazzare.   ship, vascello.
Will, volontà.   kiss, bacio.
Skill, arte.   dish, piatto.

I, avanti n impuro, cioè non seguito da vocale, nel principio, o nel mezzo d'una parola, si pronuncia come in Italiano. ex.

Industry, industria.
Inferiour, inferiore.
Ink, inchiostro.
Prince, Principe.
Stink, puzza.
Print, stampa.

Bisogna eccettuare le parole, nelle quali l'n è seguito d'un d, perchè allora si pronuncia come ei,

lun-

lungo; ex. Blind, *cieco*; find, *trovare*; mind, *pensiero*.

I, *seguitato da queste tre lettere* ght, *si pronuncia come ei lungo*, e gh, *non si pronuncia*. ex.
Fight, *combattimento*.   Night, *notte*.
Knight, *cavaliere*.   Sight, *vista*.

I, *seguitato da queste tre lettere* tch, *si pronuncia come in Italiano*. ex.
Ditch, *fosso*.
Pitch, *pece*.
Witch, *mago*,
I, *non si pronuncia nelle seguenti parole*, Suit, Fruit, Juice, Suitor, Suitable.

O.

O, è *una vocale tanto variabile nella lingua Inglese, che mi pare impossibile per un forestiere d' imparare i diversi suoni per altro mezzo che per uso. Pure cercherò di stabilire alcune regole generali, le quali saranno di non poco ajuto ai principianti*.

O, *nel principio d' una parola si pronuncia comunemente come in Italiano*. ex.
To obey, *ubbidire*.   Other, *altro*.
Old, *vecchio*.   Oven, *forno*.
Open, *aperto*.

Però vi sono alcune parole che non seguitano questa regola, che si pronunciano come se fossero scritte con un ò. ex.

Odds, *dispari*,   ⎫   ⎧ òds.
Of, *di*,   ⎬ Pronunciate. ⎨ òf.
Ox, *bue*.   ⎭   ⎩ òx.

O, *avanti* a, *ed* e, *si pronuncia anche come in Italiano, ma molto lungo*. ex.

Oak,

8 GRAMMATICA INGLESE

Oak, ⎫ ⎧ ok, quercia.
Oats, ⎪ ⎪ ots, biada,
Oath, ⎪ ⎪ oth, giuramento.
Coach, ⎪ ⎪ coch, carrozza.
Boat, ⎬ Pronunciate. ⎨ bot, barchetta.
Throat, ⎪ ⎪ throt, gola.
Coast, ⎪ ⎪ cost, costa.
Goe, ⎪ ⎪ go, undare.
Foe, ⎪ ⎪ fo, nemico.
Toe, ⎭ ⎩ to, dito del piede.

O, avanti le consonanti seguite d'un e, si pronuncia altresì come in Italiano. ex.

Globe, sfera.   Stone, pietra.
Abode, abituro.   Pope, Papa.
Smoak, fumo.   More, più.
Hole, buco.   Close, serrato.
Tome, tomo.   Nose, naso.
Bone, osso.

Ma avanti le consonanti, che non sono seguite d'un e, l'o si pronuncia come l'a in Italiano, come anche avanti ck. ex.

Rod, ⎫ ⎧ rad, verga.
Fog, ⎪ ⎪ fag, nebbia.
Shop, ⎪ ⎪ sciap, botega.
Top, ⎪ ⎪ tap, cima.
Hot, ⎪ ⎪ hat, caldo.
Knot, ⎪ ⎪ nat, nodo.
Pot, ⎬ Pronunciate ⎨ pat, pignatta.
Frot, ⎪ ⎪ frast, gelo.
Cross, ⎪ ⎪ crass, croce.
Loss, ⎪ ⎪ lass, perdita.
Cock, ⎪ ⎪ cac, gallo.
Knock, ⎪ ⎪ nac, picchiare.
Lock, ⎪ ⎪ lac, serratura.
Smock, ⎭ ⎩ smac, camiscia da donna.

PER GL' ITALIANI. 9

O, avanti l ed r, si pronuncia come in Italiano. ex.

Word, *parola*.
Roll, *ruolo*.
Toll, *dazio*.
Old, *vecchio*.
Bold, *ardito*.
Cold, *freddo*.

Told, *detto*.
Bolt, *catenaccio*.
Dolt, *stupido*.
Revolt, *rivolta*.
Resolve, *risolvere*.

O, avanti w si pronuncia anche come in Italiano, ma il w non si pronuncia. ex.

Bow, *arco*.
Blow, *colpa*.
Snow, *neve*.
Know, *conoscere*.

Dow, *pasta*.
Hallow, *concavo*.
Tallow, *sevo*.

O, si pronuncia come un a avanti w nelle parole seguenti, ed il w si pronuncia.

Brow,⎫
Cow,
How,
Now,   Pronunciate,
Brown,
Crown,
Gown,
Town,⎭

braw, *ciglio*.
caw, *vacca*.
haw, *come*.
naw, *adesso*.
brawn, *bruno*.
craun, *corona*.
gaun, *gonna*.
taun, *terra*.

Due oo si pronunciano come u. ex.

Good, *buono*.
Book, *libro*.
Wood, *bosco*.
Fool, *stolto*.

Spoon, *cucchiaro*.
Foot, *piede*.
Root, *radice*.
Moon, *luna*.

Ou,

GRAMMATICA INGLESE

Ou, *si pronuncia separatamente come* au. ex.

Cloud,		claud,	nuvola.
Croud,		craud,	calca.
Loud,		laud,	alto.
Proud,		praud,	altiero.
About,	*Pronunciate,*	abaut,	intorno.
Gout,		gaut,	gotta.
Stout,		staut,	robusto.
South,		sauth,	mezzogiorno.
Mouth,		mauth,	bocca.

Eccezioni.

Youth,		juth,	gioventù.
Could,		culd,	potrei.
Should,	*Pronunciate,*	sciuld,	vorrei.
Would,		gauld,	
You,		ju,	voi.

Avanti ugh, *l'o si pronuncia come* a *lungo;* ed ugh *non si pronuncia.* ex.

Bought,		bot,	comprato.
Brought,		brot,	portato.
Fought,	*Pronunciate,*	fot,	combattuto.
Nought,		not,	niente.
Thought,		thot,	pensiero.
Wrought,		rot,	lavorato.

L' o finale, si pronuncia come in Italiano. ex. Go, *andare;* so, *così;* no, *non.*

Eccezioni.

In queste parole o *si pronuncia come* u *Italiano.*
Two, *due.* To, *a.*
Do, *fare.* Who, *chi.*

In

PER GL' ITALIANI.

In alcune parole l' o si pronuncia come un a; ma ciò arriva generalmente quando l' o si trova alla fine della parola, seguito da un u impuro. ex. long, lungo; Song, canzone; strong, forte; wrong, torto; Bud, malleveria; born, nato.

O, si pronuncia come i, in questa parola Women, donne, ch' è il plurale di Woman, donna,

U.

U, nel principio della parola si pronuncia come ju in Italiano. ex.

Use, uso. University, università.
Union, unione. Usurper, usurpatore.

U, avanti le consonanti si pronuncia come un o chiuso in Italiano. ex,

Tub,		tob,	tinello.
Pulse,		pols,	polso.
Cup,		cop,	tazza.
Burn,		bora,	abbruciato,
Butter,		botter,	burro.
Put,		pot,	messo.
Much,	Pronunciate,	moch,	molto.
Dutch,		dotch,	Olandese.
Such,		soch,	tale.
Dumb,		domb,	muto.
Drunk,		dronk,	ubbriaco.
Crum,		crom,	mollica.
Gun,		gon,	cannone.
Shun,		scion,	svitato,

U, avanti una consonante seguitata da un' e finale, si pronuncia come ju in Italiano. ex.

Abu-

GRAMMATICA INGLESE

Abuse,		abius, abusare.
Accuse,		acchius, accusare.
Truce,		trius, tregua.
Fume,	Pronunciate,	fium, fumo.
Presume,		presum, presumere.
Tune,		tiun, aria, canzone.
Cure,		chiur, cura.
Pure,		piur, puro.
Assure,		assiur, assicurare.

U, in queste, e simili parole non si pronuncia.

Guide,		gheid, scorta,
Guest,		ghest, ospite.
Guile,	Pronunciate.	gheil, frode.
Guilty,		ghilty, colpevole.
Guilt,		ghilt, colpa.

U e si pronuncia come u longo. ex.

Blue, turchino.   Scrue, una vite.
Due, dovuto.   Spue, vomitare.
True, vero.

U, non si pronuncia appresso a; ma l'a si pronuncia lungo. ex.

Cause, causa.
Fault, colpa.   Taught, insegnato.

U, appresso q seguito d'un' altra vocale si pronuncia come in Italiano. ex.

Question, questione.   Quality, qualità.
Quill, penna.   Quarrel, querela.

W.

W.

Il W, nel principio, e nel mezzo d'una parola si pronuncia come gu in Italiano. ex.

Wall,	⎫	gual,	muro.
War,		guar,	guerra.
Water,		guater,	acqua.
West,		guest,	occidente.
Wife,		gueif,	moglie.
Will,		guil,	volontà.
Wing,	⎬ Pronunciate,	guing,	ala.
Winter,		guinter,	verno.
Wonder,		guonder,	meraviglia.
Work,		guork,	lavoro.
Aftewards,		after guards,	verso, dopo
Towards,		raguards,	dopo, verso
Always,		alguais,	sempre.
Reward,	⎭	reguard,	guiderdone.

W, non si pronuncia avanti r. ex.

To write,	⎫	reit,	scrivere.
Wrong,	⎬ Pronunciate.	rang,	torto.
Wrinkle,		rinckl,	ruga.
Wrist,	⎭	rist,	polso.

W, avanti h si pronuncia così. ex.

Whale,	⎫	guel,	balena.
Wheel,		guil,	ruota.
Whip,	⎬ Pronunciate,	guip,	frustare.
Whore,		guore,	puttana.
What,	⎭	guat,	che.

Y.

Y.

Y *si pronuncia come l' i in Italiano*. ex.
Beauty, *bellezza*.   only, *solamente*.
Bounty, *bontà*.   quiclky, *subito*.
Angry, *irritato*.   ready, *in ordine*, *pronto*.
Surely, *sicuramente*.   City, *Città*.
Bisogna eccettuarne le monosillabe, perchè allora si pronuncia come ai. ex.
By, *per*.   my, *mio*.
Cry, *grido*.   thy, *tuo*.
E molte altre parole, che si servono anche con ie. ex.
Deny,   ⎫   ⎧ denai, *negare*.
Defy,   ⎬ Pronunciate,   ⎨ defai, *sfidare*.
Reply,   ⎭   ⎩ replai, *replicare*.
Y, si mette al principio d'una parola, in luogo dell' j lungo in Italiano. ex.
Yard, *verga*.   young, *giovane*.
Yes, *sì*.   Year, *anno*.
Youth, *gioventù*.   yet, *ancora*.
Ay, *si pronuncia come* e aperto. ex.
Say, *dire*.   Day, *giorno*.
May, *maggio*.   Way, *via*.

Della Pronuncia delle Consonanti.

B.

B, si pronuncia come in Italiano, eccetto che non si pronuncia appresso un m. ex.
Comb, *pettine*.   Thum, *il pollice*.
Lamb, *agnello*.   Dumb, *muto*.
Womb, *la matrice*.

B, *non*

B, *non si pronuncia nè meno avanti un* t. ex.
Doubt, *dubbio*. — Debtor, *debitore*.
Debt, *debito*.

C, *avanti un* h *si pronuncia forte, come se vi fosse un* t *avanti, & l'* h *si pronuncia come un* i. ex.
Charles, *Carlo*.   Church, *Chiesa*.
Chamber, *camera*.

C, *seguitato da un* a, o, u, *si pronuncia come in Italiano*. ex.
Capital, *capitale*.   Curious, *curioso*.
Careful, *accurato*.   Custom, *costume*.
Correct, *corretto*.   Curate, *Piovano*.
Cordial, *cordiale*.

C, *avanti un* e, *o un* i, *si pronuncia come un* s. ex.
Celestial, *celeste*.   Civil, *civile*.
Certainly, *certamente*.   City, *Città*.

D.

D, *si pronuncia come in Italiano*.

F.

F, *si pronuncia come in Italiano*.

G.

G, *avanti* a, o, u, *si pronuncia come in Italiano*. ex.
Gain, *guadagno*.   Gold, *oro*.
Game, *giuoco*.   Governour, *governatore*.
Garden, *giardino*.   Gum, *gomma*.
God, *Iddio*.   Gun, *Cannone*.

G, *avan-*

G, avanti e, ed i, si pronuncia come in Italiano. ex.

Gentleman, *Gentiluomo*. Gibbet, *Forca*.
German, *Alemanno*. Gingember, *Gengiovo*.
Giant, *Gigante*.

Eccettuatene le parole seguenti, nelle quali il g si pronuncia duro, come se fosse seguitato da un h. ex.

Geese, *delle oche*.   a Conger, *un grongo*.
Gelding, *un Cavallo ca-*   a Dagger, *un pugnale*.
   strato.   To beget, *generare*.
To get, *guadagnare*.   a Druggist, *un droghista*.
Gift, *dono*.   a Finger, *un dito*.
Giddy, *stordito*.   To forget, *dimenticare*.
To give, *dare*.   a Hanger, *una catena*.
Girdle, *cinturino*.   Hunger, *fame*.
Girl, *ragazzo*.   Stronger, *più forte*.
To gild, *indorare*.

G, Non si pronuncia avanti n, nè avanti ht. ex.

To feign, *fingere*.   Night, *notte*.
Reign, *regno*.   Sight, *vista*.

H.

H, si aspira al principio d'una parola; ma non si pronuncia appresso g, ed r.

I.

I vocale, nel principio d'una parola si pronuncia come in Italiano. ex.

Immortal, *immortale*.   Instrument, *strumento*.
Inconstant, *incostante*.   Instruction, *instruzione*.
Irregular, *irregolare*.   Inferiour, *inferiore*.

I, nel mezzo della parola è molto irregolare,

PER GL' ITALIANI.   17

perchè alle volte si pronuncia i, ed alle volte ai: e come non ho potuto stabilire una regola senza moltissime eccezioni, dirò solamente, che l'i si pronuncia come in Italiano in tutte quelle parole, che derivano dal Latino, sia nel principio, sia nel mezzo delle parole.

J.

J consonante si pronuncia come un g. ex.

Jeſt,   ⎫   ⎧ geſt,   giuoco.
Joy,   ⎪   ⎪ giai,   gioja.
Judge,   ⎬ Pronunciate,   ⎨ giudge, giudice.
June,   ⎪   ⎪ giun,   giugno.
Jupiter,   ⎭   ⎩ giupiter, giove.

K.

K si pronuncia come ch in Italiano. ex.
Kalender, *calendario*.   King, *Re*.
Key, *chiave*.   Kiſs, *bacio*.
Kitchen, *cucina*.

Si eccettuano le parole, che cominciano da un k seguitato da un n, perchè allora non si pronuncia. ex.

To know,   ⎫   ⎧ to no, *sapere*.
Knife,   ⎬ Pronunciate,   ⎨ nelf,   *coltello*.
Knee,   ⎭   ⎩ ni,   *ginocchio*.

L.

L non si pronuncia avanti f, e K. ex.
Calf, *vitello*.   Chalk, *geſſo*,
Half, *metà*.   to walk, *camminare*.

L non si pronuncia nè meno nelle parole seguenti:
Could, *potrei*.
Should, *segno dell' Imperfetto dell' ottativo*.
Would, *vorrei*.

B   M.

M. N. P.

Queste tre lettere si pronunciano come in Italiano.
P *non si pronuncia in queste parole.*
Psalm, *salmo.*   Receipt, *ricevuta.*
Ph *si pronuncia come* f. ex.
Philosopher, *filosofo*; Phœbus, *Febo*; Phœnix, *fenice.*
Eccetto che nelle parole di due sillabe, nelle quali si p *finisce la prima sillaba, e l'* h *principia la seconda, come* Shep herd, *Pastore.*

Q

Questa lettera non si trova, che avanti u, *e* qu *si pronuncia come in Italiano.* ex.
Quail, *una quaglia.*   Quill, *penna.*
Question, *questione.* Quick, *presto.*

R.

R, *si pronuncia come in Italiano.*

S.

S, *si pronuncia come in Italiano, eccetto che in queste parole:*
Sugar, ⎫   ⎧ sciugar, *zucchero,*
Sure,   ⎬ Pronunciate. ⎨ sciur,   *sicuro,*
Assure, ⎭   ⎩ asciur, *assicurare.*

Sh *si pronuncia come* sci. ex.
Shape, ⎫   ⎧ scep, *forma.*
Ship, ⎪   ⎪ scip, *vascello.*
Shoe, ⎬ Pronunciate, ⎨ sciu, *scarpa.*
Shop, ⎪   ⎪ sciap, *bottega.*
Dish, ⎪   ⎪ disc, *piatto.*
Fish, ⎭   ⎩ fisc, *pesce.*

Fra

Fra due vocali s si pronuncia rozzo, come un z.
ex.
Rose, *rosa*.   to rise, *levarsi*.
Nose, *naso*.   excuse, *scusa*.
Wise, *savio*.   to refuse, *ricusare*.
     Eccetto appresso ou. ex.
House, *casa*.   Mouse, *sorcio*.
Louse, *pidocchio*.

T.

T *si pronuncia come in Italiano; eccettuatene le parole in* ion, *nelle quali si pronuncia* sc.. ex.

English	Pronunciate	Italiano
Action,	ascion,	azione.
Corruption,	corrupscion,	correzione.
Generation,	generascion,	generazione.
Exception,	excepscion,	eccezione.
Admiration,	admirascion,	ammirazione.
Continuation,	continuascion,	continuazione.
Benediction,	benediscion,	benedizione,

Th *si pronuncia mettendo la lingua fra i denti; e come non abbiamo in Italiano una sola parola da poter servire d' esempio, bisogna impararne la pronuncia dalla bocca di quelli, che parlano Inglese, essendo un suono particolare della Lingua Inglese, simile per appunto al suono del theta* θ *nella Lingua Greca; e ciò fa, che gli stranieri hanno grandissima difficoltà a pronunciarlo.*

X.

X *si pronuncia fra noi come in Latino*. ex.
Wax, *cera*.   Sex, *sesso*.
Ox, *bue*.   Six, *sei*.

Z.

Z *si pronuncia come in Italiano.*

Della quantità delle Sillabe, e dell'Accento delle Parole nella Lingua Inglese.

TUtte le parole, e fillabe non debbono pronunziarſi con la medeſima ſorta di voce, o ſuono. Ma ciaſcuna fillaba ſi proferiſce ſecondo la propria ſua quantità; e ciaſcuna parola, ſia di due, o di più ſillabe, dee avere il ſuo proprio accento.

La quantità è la diſtribuzione delle Sillabe in lunghe, e brevi. E generalmente è da ſaperſi, che tutte le Sillabe lunghe hanno in sè un Dittongo, come *Gain*, *Heap*, o pure la Vocale ha un ſuono lungo o pieno, come *Gall*, *Mate*, *Hope*; tutte le altre ſillabe ſono brevi, come *Hat*, *Hop*, *Bank*, *String*, *Punch*.

L'accento è una particolare inſiſtenza, o forza di ſuono, che fa la voce ſopra qualche ſillaba, breve, o lunga ch'ella ſia, come, ò in *òpen*, pè in *pèny*. Noi daremo qui dell'Accento alcune regole più neceſſarie.

1. Generalmente parlando l'Accento è poſto molto più frequentemente ſopra una ſillaba lunga, che ſopra una breve, quantunque non ſempre; imperocchè in queſte parole *Mòney*, *bòrrow*, l'ultima ſillaba è lunga, e la prima è breve; e ciò non oſtante l'accento appartiene alla prima. E qui ſi noti, che quantunque nel legger verſi l'Accento debba porſi nella medeſima ſillaba, che nella Proſa, e le parole debbano avere la ſteſſa pronunzia; ad ogni modo la Sillaba in Verſo vien chiamata lunga, o breve, non ſecondo la lunghezza, o brevità delle Vocali, ma ſecondo l'Accento.

2. Nella parola medeſima per lo più l'accento è il medeſimo, cioè affiſſo alla ſteſſa ſillaba; ma vi
ſono

PER GL' ITALIANI. 21

sono due casi, dove alle volte nella parola, ch'è materialmente la stessa, il luogo dell' accento si muta. Primieramente la medesima parola quando significa un' Azione, è accentata sopra l'ultima sillaba, come *to contràct*, *to rebèl*; e quando significa cosa, l' accento si trasferisce moltissime volte alla prima, come *a còntract*, *a rèbel*. Secondariamente, quantunque le voci composte e derivative sieno per lo più accentate a somiglianza delle lor primitive, ciò però non succede sempre così; v.g. *Màker* ha un forte accento nella prima sillaba, la quale lo perde in *shòemaker*; *prefèr* ha l' accento nell' ultima; ma *rèference* e *prèferable* nella prima. *Fìnite* ha il suo accento sopra *fi*, ma *ìnfinite* su la sillaba *in*; e *Infìnity* di bel nuovo lo ripiglia nella sillaba *fi*.

3. Qualunque volta l' accento è collocato sopra una breve Vocale avanti una sola Consonante, ciò fa, che la Consonante sia pronunziata doppia, come *Màlice*, *Sèven*, *Bòdy*; dee suonarsi, come se fosse scritto *Mal-lice*, *Sev-ven*, *Bod-dy*.

4. Alcune parole hanno di più che un solo accento, come *univèrsal*, *òmnipresènt*, che sono del pari accentate nelle sillabe prima, e terza; ma generalmente uno di questi accenti è più forte dell' altro.

Del resto avvegnacchè non si possano dare certe regole, che determinino il luogo dell' accento, ma ciò interamente dal costume decidasi; nulladimeno v' è questa generale osservazione, la quale può essere di qualche uso, cioè, *che gl'Inglesi sono soliti nella maggior parte delle parole di rimovere l' accento lungi dall' ultima sillaba*: da che seguono queste particolari Osservazioni.

Osserv. 1. Che nelle voci di due sillabe, ambedue brevi, o ambedue lunghe, l' accento è po-

B 3   sto

ſto generalmente nella prima, come *Màntle*, *private*.

Oſſerv. 2. Se la prima Sillaba ſolamente è lunga, l'accento è poſto molto di rado nell'ultima.

Oſſerv. 3. Che dove l'Accento è su l'ultima Sillaba, la parola è quaſi ſempre una ſpezie di Compoſto, e la prima ſillaba è una prepoſizione, come: *complète, diſsòlve, prevènt, retùrn*. Avvertano gl'Italiani, che *complète*, e *diſsòlve* ſono computate in Ingleſe per voci di due ſillabe, perchè l'*e* finale non ſi pronunzia.

Oſſerv. 4. Nelle Voci di tre, quattro, o cinque ſillabe l'Accento è poſto rare volte su le due ultime Sillabe, ma più ſpeſſo in una delle prime, come: *Cèremony, abòminable, quèſtionable, viſionary*.

Ultima *Oſſerv.* Nelle Voci di ſei ſillabe frequentemente vi ſono due accenti, uno su la prima, e l'altro su la quarta, come: *Jùſtificàtion, ìmphilosòphical, Fàmiliàrity*; anzi la voce *Trànſubſtàntiàtion* ne ha degli accenti fin tre.

Tavola delle Voci, che ſono accentate nella prima ſillaba, quando ſignificano il nome d' una coſa; e nell' ultima quando ſignificano un' Azione.

Nomi.	Verbi.
To be A'bſent, *Eſſere aſſente*.	To absènt, *abſentarſi*.
An A'ccent, *Un Accento*.	To accènt, *accentare*.
An A'ttribute, *Un attributo*.	To attrìbute, *attribuire*.
A Cèment, *Cemento*.	To cemènt, *unire, raſſodare*.
A Còllect, *Colletta*.	To collèct, *far leva, far raccolta*.

A Còm-

A Còmpound,	*Un Com-*	To còmpòùnd, *comporre,*
	posto.	*convenire, accordarsi.*
A Cònduct,	*Direzione,*	To condùct, *condurre,*
	condotta.	*menare.*
Te Cònfines,	*Limiti.*	To confine, *Confinare.*
A Cònflict,	*Conflitto.*	To conflict, *Contendere.*
A Còncert,	*Concerto.*	To concèrt, *Concertare.*
A Cònsort,	*Compagno.*	To consòrt, *Accompagnarsi, associarsi.*
A Còntest,	*Disputa, contesa.*	To contèst, *Disputare.*
A Còntract,	*Contratto.*	To contràct, *Contrattere.*
A Cònvert,	*Convertito.*	To convèrt, *Convertire.*
A Dèsert,	*Merito.*	To desèrt, *Disertare.*
A Fèrment,	*Fermento.*	To fermènt, *Fermentare.*
Frèquent,	*Frequente.*	To frequènt, *Frequentare.*
I'ncense,	*Incenso.*	To incènse, *Incensare.*
An O'bject,	*Obietto.*	To objèct, *Opporre.*
An O'verthrow,	*Rotta.*	To overthròw, *Abbattere.*
A Prèmise,	*Una premessa.*	To premìse, *premettere.*
A Pròject,	*Progetto, disegno.*	To projèct, *disegnare.*
A Rèbel,	*Ribelle.*	To rebèl, *Ribellarsi.*
A Rècord,	*Atto autentico.*	To recòrd, *Registrare.*
Rèfuse,	*Rifiuto.*	To refùse, *Rifiutare.*
A Sùbject,	*Soggetto.*	To subjèct, *Soggettare.*
A Tòrment,	*Tormento.*	To tormènt, *Tormentare.*
An Unite,	*Unità.*	To unìte, *Unire.*

Nota quì per fine, che i Nomi derivati da que-

questi Verbi sono accentati come essi Verbi. ex. to *fermènt*, fermentare, *fermènting*, fermentazione; to *collèct*, far raccolta, a *Collèctor*, Collettore; to *objèct*, opporre, an *objèction*, &c.

Delle Parti dell' Orazione.

La lingua Inglese, come le altre lingue, è composta d' otto parti d' orazione, che sono, 1. Il Nome. 2. Il Pronome. 3. Il Verbo. 4. Il Participio. 5. L' Avverbio. 6. La Congiunzione. 7. La Proposizione. 8. L' interiezione.

Dei Nomi.

I nomi sono parole, che servono a nominare tutte le cose, che sono nel mondo.. ex. Un uomo, a Man; una donna, a Woman; il mondo, the World; la terra, the Earth.
Si dividono iu sostantivi, e adjettivi.
I nomi sostantivi sono le sostanze medesime; come il cielo, the Shy; il Sole, the Sun; la luna, the Moon; l' acqua, the Water; una pietra, a Stone; ed altri nomi, ai quali non si può propriamente aggiungere questa parola (Cosa); come: la Prudenza, la saviezza, la lunghezza, la bianchezza, e simili; perchè non si potrebbe dire propriamente: la Prudenza cosa, la saviezza cosa, &c.
I nomi adjettivi servono ad esprimere le qualità dei nomi sostantivi, ed ai quali si può propriamente aggiungere questa parola (Cosa): come, grande, great; piccolo, little; buono, good; cattivo, bad; nero, black; bianco, white; perchè si può dire propriamente, una piccola cosa, una gran cosa, a little Thing, a great Thing.

Gli

Gli adjettivi nella lingua Inglese sono indeclinabili, e per conseguenza servono a tutti i sostantivi tanto mascolini, che femminini, nel singolare, e nel plurale, senza variare la loro terminazione; come per esempio: un Gran Re, a great King; una gran donna, a great Woman; un bell'uomo, a handsome Man; una bella casa, a handsome House; bei giardini, handsome Gardens; belle Città, handsome Towns.

I nomi sostantivi si dividono in Nomi Proprj, e Nomi Appellativi. I nomi proprj sono quelli degli uomini, delle donne, de' Paesi, delle Città, de' Fiumi, e di tutte le cose in particolare; perchè non convengono, che alle sole cose sì nominate: come, Paolo, Piero, Maria, la Francia, l' Inghilterra, il Tevere, Londra, Roma.

I nomi appellativi convengono alle cose della medesima specie; come questa parola (Uomo) conviene a tutti gli uomini in generale; e così delle altre, come un lione, un cavallo, un cane. Ogni sorta di nomi sostantivi sono mascolini, o femminini, comuni, o neutri.

I mascolini comprendono gli Angeli, gli Uomini, e gli animali maschi.

I femminini comprendono le donne, e le femmine degli animali.

I nomi del genere comune sono quelli, che comprendono l'uno, e l'altro sesso: come, Cousin, cugino, e cugina; Neighbour, vicino, e vicina; Servant, servitore, e serva: Thief, ladro, e ladra.

Il genere neutro comprende le creature, delle quali non si sa di qual sesso siano, come i rettili; ma principalmente le cose inanimate.

Tutti i nomi sostantivi si declinano per mezzo di questi due articoli A, e The.

De-

Degli Articoli, e della Declinazione de' Nomi.

I nomi si declinano in Inglese, come in Italiano, cioè per mezzo degli articoli, senza variare la loro terminazione, come fanno in Latino.

ARTICOLO DEFINITO.

Sing.
Nom. the, *il*.
Gen. of the, *del*.
Dat. to the, *al*.
Acc. the, *il*.
Voc. o, *o*.
Ab. from the, *dal*.

Plur.
Nom. the, *i*.
Gen. of the, *dei, de'*.
Dat. to the, *ai, o a'*.
Acc. the, *i*.
Voc. o, *o*.
Ab. from the, *dai, o da'*.

ESEMPIO.

Sing.
Nom. the King, *il Re*.
Gen. of the King, *del Re*.
Dat. to the King, *al Re*.
Acc. the King, *il Re*.
Voc. o King, *o Re*.
Ab. from the King, *dal Re*.

Plur.
Nom. the Kings, *i Re*.
Gen. of the Kings, *dei Re*.
Dat. to the Kings, *ai Re*.
Acc. the Kings, *i Re*.
Voc. o Kings, *o Re*.
Ab. from the Kings, *dai Re*.

S. Fem.
Nom. the Queen, *la Regina*.
Gen. of the Queen, *della Regina*.
Dat. to the Queen, *alla Regina*.
Ac. the Queen, *la Regina*.

P. Fem.
Nom. the Queens, *le Regine*.
Gen. of the Queens, *delle Regine*.
Dat. to the Queens, *alle Regine*.
Acc. the Queens, *le Regine*.

Voc.

Voc. o Queen, *o Regina*,   *Voc.* o Queens, *o Regine*.
Ab. from the Queen,   *Ab.* from the Queens,
   dalla Regina.   *dalle Regine*.

Dai precedenti esempj si vede, che la lingua Inglese non ha, che un articolo, che serve per il mascolino, e per il femminino, singolare, e plurale.

ARTICOLO INDEFINITO.

L'*Articolo indefinito in Inglese, come in Italiano, non ha, che tre casi; cioè il genitivo, il dativo, e l'ablativo; e serve ai nomi proprj, e non ha plurale.*
S.
Gen. of, *di*.
Dat. to, a, *o* ad.
Ab. from, *da*.

ESEMPIO.

Nom. Peter, *Pietro*.   *Nom.* London, *Londra*.
Gen. of Peter, *di Pietro*.   *Gen.* of London, *di Londra*.
Dat. to Peter, *a Pietro*.   *Dat.* to London, *a Londra*.
Acc. Peter, *Pietro*.   *Acc.* London, *Londra*.
Ab. from Peter, *da Pietro*. *Ab.* from London, *da Londra*.

Parlando delle Virtù, delle Passioni, de' Vizj, delle Arti, delle Scienze, non ci serviamo dell' articolo. ex.

Virtue cannot agree with   *La Virtù non può accor-*
   Vice,   *darsi col vizio.*
Justice is without Inte-   *La Giustizia non è inte-*
   rest,   *ressata.*
Chastity, Modesty, and   *La Castità, la Modestia,*
                                   Hu-

Humility are lovely Virtues.	e l' Umiltà sono virtù amabili.
Prudence is the Rule of all Virtues.	La Prudenza è la regola di tutte le virtù.
Justice is the Bond of human Society.	La Giustizia è il legame della società umana.
Pride is the Sin of the Devil.	La Superbia è il peccato del diavolo.
Discord is the Ruin of States.	La discordia è la rovina degli Stati.
Drunkenness is abominable.	L' ubbriachezza è abbominevole.
Love's Power is great.	Il potere dell' amore e grande.
Anger doth breathe nothing but Arms and Blood.	La collera non spira, che armi, e sangue.
Hope is the Ground of the Christian Religion.	La speranza è il fondamento della Religione Cristiana.
Philosophy is the Mistress of Wisdom.	La filosofia è la maestra della saggezza.
Musick is pleasing to the ear.	La musica è grata all' orecchio.
Writing knows nothing, and teaches all things.	La scrittura non sa niente, ed insegna ogni cosa.
Arithmetick is the Science of numbers.	L'Aritmetica è la scienza de' numeri.

Parlando delle sostanze in generale, e principalmente di quelle, che non si contano, non ci serviamo d' articolo.

Bread is the Staff of Life.	Il pane è il sostegno della vita.

If

If Salt lofes its Savour.	Se il sale perde il suo sapore.
I love Milk, Butter and Cheese.	Amo il latte, il burro, ed il formaggio.
Beef is the Partridge of England.	Il bue è la pernice d'Inghilterra.
Mutton is sweetter than Bacon.	Il castrato è più saporito del presciutto.
Roast Meat is better than boiled Meat.	L'arrosto è migliore dell'allesso.
Wine doth rejoice the Heart.	Il vino rallegra il cuore.
Gold and Silver do all Things.	L'oro, e l'argento fanno tutto.
Grafs and Hay are the Food of Cattel.	L'erba, e il fieno sono il pasto degli animali.
Garlick ftinks.	L'aglio puzza.
Sugar is sweet.	Il zucchero è dolce.

Tutti i Sostantivi, che si possono numerare, ricevono l'articolo nel Singolare, ma non nel Plurale, parlando generalmente e senza limitazione.

I have a Friend.	Ho un Amico.
I have Friends.	Ho degli Amici.
I have a good Book.	Ho un buon Libro.
I have good Books.	Ho buoni Libri.
I have bought a Knife.	Ho comprato un Coltello.
I have bought Knifes.	Ho comprato Coltelli.
King and Princes muft be obeyed.	Bisogna ubbidire ai Re, ed ai Principi.
Old Men are twice Children.	I vecchi sono due volte Bambini.

Bisogna avvertire, che in tutte le regole, che ho date, nelle quali non ci serviamo dell'articolo, si
trat-

tratta di foſtanza in generale. Ma ſe veniſmo a ſpecificare una coſa particolare, allora ci ſerviamo dell' articolo, come ſi fa in Italiano. ex.

The Love of God.	L' Amor di Dio.
The Wiſdom of Men is Folly before God.	La ſaviezza degli uomini è pazzìa innanzi Dio.
I thank you forte Wine you ſent me.	Vi ringrazio del vino, che m' avete mandato.
I have ſpent all the Gold aud Silver that I received Yeſterday.	Ho ſpeſo tutto l' oro, e l' argento, che ricevei jeri.
The Mutton that we did eat the other Day, was very ſweet.	Il caſtrato, che mangiammo l' altro giorno, era molto ſaporito.
The Books that I have bought.	I Libri, che ho comprati.
The Women that we ſaw.	Le donne, che vedemmo.
The Knives that you ſent me.	I coltelli, che m' avete mandati.
The Kings of England and Spain are agreed.	I Re d' Inghilterra, e di Spagna ſi ſono pacificati.

Parlando di coſe differenti, non ſi ripete l' articolo, come ſi fa in Italiano.

The Kings and Princes.	I Re, ed i Principi.
The Eyes and Ears.	Gli occhi, e le orecchie.
The Arms and Legs.	Le braccia, e le gambe,
The Father, Mother; and Children.	Il Padre, la Madre, ed i Figliuoli.
Brothers and Siſters.	I Fratelli, e le ſorelle.
The Light and Darkneſs.	La Luce, e le tenebre.

Quan-

Quando si parla dei membri del corpo, non ci serviamo dell' articolo, ma del pronome possessivo,

My Head akes.	Mi duole la testa.
My Eyes are sore.	Ho male agli occhi.
I have burnt my Finger.	Mi sono abbruciato un dito.
I'll break your Head.	Vi romperò la testa.
He hath lost his Sight.	Egli ha perduta la vista.
Wash your Hands.	Lavatevi le mani.
I'll throw this at your Face.	Vi getterò questo al viso.

Quando si parla di due persone, e di due cose, l'una delle quali appartiene all'altra, bisogna mettere il genitivo avanti il nominativo senza articolo, aggiungendovi un s con un apostrofo fra il genitivo, e 'l nominativo.

Te King's son.	Il Figlio del Re.
The Queen's Coach.	La Carrozza della Regina.
My Brother's Wife.	La Moglie di mio Fratello.
My Father's House.	La Casa di mio Padre.
My Master's Horse.	Il Cavallo del mio Padrone.
My Sister's Gloves.	I guanti di mia sorella.
My Uncle's Son.	Il Figlio di mio Zio.
My Friend's Books.	I libri del mio amico.

Il genitivo si mette anche avanti il nominativo senza articolo, quando si parla d'una cosa fatta d'un'altra cosa. ex.

A Brick House,	Una Casa di mattoni.
A Silver Dish,	Un piatto d'argento.

A Scarlet Cloak.	Un mantello di scarlatto.
Silk Stockings.	Calzette di seta.
A woodem Box.	Una caffa di legno.
A Horn Comb.	Un pettine di corno.
A Gold Ring.	Un anello d'oro.
Brafs Money.	Moneta di rame.
A Holland Shirt.	Una camifcia di tela d' Olanda.

Ma parlando di cofe, che contengono numeri, e mifure, il genitivo feguita il nominativo con l'articolo, come in Italiano. ex.

A Glafs of Wine.	Un bicchier di vino.
A Barrel of Beer.	Un barile di birra.
A Dish of Meat.	Un piatto di carne.
A Dozen of Lemons.	Una dozzina di limoni.
A Flask of Wine.	Un fiafco di vino.
A Bufhel of Wheat.	Uno ftajo di formento.
A Pound of Butter.	Una libbra di burro.
A Yard of Cloth.	Una verga di panno.

Quando vogliamo efprimere a che ufo una cofa s'adopera, la cofa adoprata fi mette appreffo alla cofa, per la quale s'adopra. ex.

A Wine Glafs.	Un bicchiere da vino.
A Tobacco Box.	Una fcatola da tabacco.
A Wine Flask.	Un fiafco da vino.
Sallet Oil.	Olio da infalata.
A Coach-Horfe.	Cavallo da carrozza.
A Fire-Shovel.	Una palletta da fuoco.
A Night-Cap.	Una berretta da notte.

Parlando di mufica fi ferviamo dell'articolo the*,*
accom-

accompagnato dalla prepofizione on, *o* upon; *e parlando di giuochi di guadagno, o di perdita, ci ferviamo della prepofizione* at. ex.

To play upon the Fiddle,   Suonare del Violino.
To play upon the Lute,   Suonare del Liuto.
To play upon the Guitar,   Suonare della chitarra.
To play on the Spinet,   Suonare della Spinetta.
To play upon the Harpficord,   Suonare dell' Arpicordo.
To play at Cards,   Giuocare alle Carte.
To play at Piquet,   Giuocare a Pichetto.
At Bowls,   Alle Bocce.
At Tennis,   Alla palla e corda.
At Ombre,   All' Ombra.

Della formazione del Numero del più dei Nomi Suſtantivi.

Il numero del più ſi forma comunemente aggiungendo un s *al numero del meno.* ex.

The King, *il Re.*
The Kings, *i Re.*
The Lord, *il Signore.*
The Lords, *i Signori.*
The Queen, *la Regina.*
The Queens, *le Regine.*
Book, *Libro.*
Books, *Libri.*
Horſe, *Cavallo.*
Horſes, *Cavalli.*
My Brother, *mio Fratello.*
My Brothers, *miei Fratelli.*
My Houſe, *mia Caſa.*

My Houses, *mie Case*.
Your Garden, *vostro Giardino*.
Your Gardens, *vostri Giardini*.
His Horse, *suo Cavallo*.
His Horses, *suoi Cavalli*.
Our Servant, *nostro Servo*.
Our Servants, *nostri Servi*.

Questa regola ha tre eccezioni.

1. ECCEZIONE.

I singolari, che terminano in ch, sh, ss, *o* x, *formano il plurale aggiungendovi* es. ex.
Church, *Chiesa*, Churches, *Chiese*.
Match, *zolferino*, Matches, *zolferini*.
Fish, *pesce*, Fishes, *pesci*.
Cross, *croce*, Crosses, *croci*.
Witness, *Testimonio*, Witnesses, *Testimonj*.
Box, *scatola*, Boxes, *scatole*.

2. ECCEZIONE.

I singolari, che terminano in f, *o* fe, *cambiano* f, *o* fe, *in* ves. ex.
Calf, *vitello*, Calves, *vitelli*.
Staff, *bastone*, Staves, *bastoni*.
Thief, *ladro*, Thieves, *ladri*.
Loaf, *un pane*, Loaves, *pani*.
Knife, *coltello*, Knives, *coltelli*.
Life, *vita*, Lives, *vite*.
Wife, *moglie*, Wives, *mogli*.

3. ECCEZIONE.

I nomi seguenti sono irregolari.
Man, *uomo*, Men, *uomini.*
Woman, *donna*, Women, *donne.*
Child, *fanciullo*, Children, *fanciulli.*
Ox, *bue*, Oxen, *buoi.*
Mouse, *sorcio*, Mice, *sorci.*
Louse, *pidocchio*, Lice, *pidocchi.*
Die, *dado*, Dice, *dadi.*
Foot, *piede*, Feet, *piedi.*
Goose, *oca*, Geese, *oche.*
Penny, *soldo*, Pence, *soldi.*
Sow, *troja*, Swine, *troje.*
Tooth, *dente*, Teeth, *denti.*
Sheep, *pecora, non ha plurale.*

Vi sono alcuni sustantivi, come sono i minerali, che non hanno plurale, come in Italiano; Gold, *oro;* Silver, *argento;* Copper, *rame;* Lead, *piombo,* &c.

Gli aggettivi, come ho detto di sopra, non hanno plurale, e servono a tutti i generi. ex. good Man, *buono uomo;* good Woman, *buona donna;* good Men, *buoni uomini;* good Women, *buone donne.*

Gli aggettivi vanno generalmente avanti i sustantivi.

An honest Man,	*Un uomo onesto.*
A vertuous Woman,	*Una donna virtuosa.*
The first Tome,	*Il primo tomo.*
The second Book,	*Il secondo libro.*
White-wine,	*Vino bianco.*
Brown Bread,	*Pan bruno.*
A black Suit,	*Un abito nero.*
Grey Hair,	*Capelli bianchi.*
Red Stockings,	*Calzette rosse.*

An *English* Gentleman,	*Un gentiluomo Inglese.*
An *Italian* Proverb,	*Un proverbio Italiano.*
A *Latin* sentence,	*Una sentenza Latina.*
A rosted Capon,	*Un cappone arrosto.*
Boiled Meat,	*Carne allessa.*
Next Week,	*La settimana prossima.*
A round Table,	*Una tavola rotonda.*
Fresh Butter,	*Del burro fresco.*
Old Wine,	*Vin vecchio.*
The right Hand,	*La man dritta.*
Cold Weather,	*Tempo freddo.*
A rare Thing,	*Una cosa rara.*
A tall Man,	*Un uomo alto.*

Dei tre gradi di Comparazione.

I nomi aggettivi hanno tre gradi di Comparazione, il Positivo, il Comparativo, e il Superlativo.

Il positivo significa solamente la semplice qualità d'una cosa; come, handsome, bello, *o bella.*

Il comparativo innalza questa qualità in comparazione a qualche altra cosa; come, handsomer, *più bello, o più bella.*

Il superlativo esalta questa qualità in sommo grado; come, the hansomest, or the most handsome, *il più bello.*

Il comparativo si forma dal positivo, aggiungendovi er; *il superlativo aggiungendovi* est. ex.

Low, *basso*.	High, *alto*.
Lower, *più basso*.	Higher, *più alto*.
The lowest, *il più basso*.	The highest, *il più alto*.
Great, *grande*.	Rich, *ricco*.
Greater, *più grande*.	Richer, *più ricco*.
The greatest, *il più grande*.	The richest, *il più ricco*.

Ci serviamo ancora di queste parole, more, most, *e* very;

e very; *il primo per esprimere il comparativo; il secondo per esprimere il superlativo con comparazione; ed il terzo esprime il superlativo senza comparazione.* ex.

Peter is ingenious, *Pietro è ingegnoso.*
Paul is more ingenious, *Paolo è più ingegnoso.*
Francis is the most inge- *Francesco è il più inge-*
nious in the World, *gnoso del mondo.*
Your Wife is very haud- *Vostra moglie è bellissima,*
some, *o molto bella.*

Da queste regole generali bisogna eccettuarne i seguenti aggettivi:

Good, *buono*; better, *migliore*; best, *ottimo.*
Ill, } *cattivo*; worse, *peggiore*; che worst,
Bad, } *il pessimo.*
Many, *molti*; more, *più*; most, *i più.*
Little, *piccolo*; less, *minore, o più piccolo*; the least, *il più piccolo.*

Gli aggettivi, che terminano in ous *non hanno altro comparativo, nè superlativo, che con l' ajuto di queste tre parole,* more most, *e* very.

Glorious, *glorioso.*
More glorious, *più glorioso.*
Most glorious, *gloriosissimo.*
Very glorious, *gloriosissimo, o molto glorioso.*

Della Derivazione de' Nomi.

I nomi si dividono anche in Primitivi, e Derivativi.

Un nome Primitivo non deriva da nessun altro; come Love, *amore.*

Il Derivativo è quello, che deriva da un Primitivo; come Lover, *amatore.*

Vi sono alcuni sustantivi materiali, ai quali aggiungendovi una di queste tre terminazioni er, yer, *e*
ster,

ſter, ſe ne formano altri ſuſtantivi, che ſignificano o l'agente, o l'artefice impiegato in queſte coſe. ex.

A Hat, *un cappello*; a Hatter, *un cappellajo*.
A Pot, *una pignatta*; a Potter, *un pignattaro*.
A Fish, *un peſce*; a Fisher, *un peſcatore*.
A Glove *un guanto*; a Glover, *un guantaro*.
A Garden, *un giardino*; a Gardener, *un giardiniero*.
A Gun, *un cannone*; a Gunner, *un cannoniero*.
A Law, *una legge*; a Lawyer, *un giuriſconſulto*.
A Game, *un giuoco*; a Gameſter, *un giuocatore*.

Vi ſono ancora altri ſuſtantivi perſonali, dai quali ſe ne formano altri ſuſtantivi di dignità, aggiungendovi queſta particola Ship, come:

An Apoſtle, *un apoſtolo*; Apoſtleship, *apoſtolato*.
An Admiral, *un ammiraglio*; Admiralhip, *ammiragliato*.
A Maſter, *un maeſtro*; Maſtership, *magiſterio*.
A Lord, *un Signore*; Lordship, *Signoria*.

Similmente queſta particola hood, unita a qualche ſoſtantivo, ha la medeſima forza. ex.

Father, *padre*; Fatherhood, *paternità*.
Child, *fanciullo*; Childhood, *fanciullezza*.
Brother, *fratello*; Brotherhood, *fraternità*.
Man, *uomo*; Manhood, *virilità*.
Falſe, *falſo*; Falſehood, *falſità*.

Vi ſono molti nomi ſuſtantivi in Ingleſe, come in Italiano, che derivano dal Latino in molte maniere.

1. I *ſuſtantivi*, che terminavo in ion, vengono dal Latino in io; come, Opinion, Religion, Queſtion, &c.

2. I *ſoſtantivi*, che terminano in our, derivano dai Latini in or; come, Labour, Honour, Favour, &c.

3. I *sustantivi*, *che terminano in* ty, *derivano dai latini in* tas; *come*, Pity, Charity, Liberality, Purity, &c.

Sarebbe troppo lungo di numerare tutti i *sustantivi, che derivano dal Latino; gl' intelligenti della lingua Latina potranno facilmente comprenderli.*

In che maniera gli Aggettivi si formano dai Sustantivi.

Gli aggettivi *seguenti si formano dai sustantivi aggiungendovi questa particola* full, *che comprende una quantità di quel, che la qualità significa.* ex.

Ioy, *allegrezza*.	joyfull, *allegro*.
Fruit, *frutto*.	fruitfull, *fruttifero*.
Youth, *gioventù*.	youthfull, *giovanile*.
Care, *cura*.	carefull, *accurato*.
Use, *uso*.	usefull, *utile*.
Beauty, *beltà*.	beautifull, *bello*.
Bounty, *bontà*.	bountifull, *benigno*.
Deceit, *inganno*.	deceitfull, *ingannevole*.
Disdain, *sdegno*.	disdainfull, *sdegnoso*.
Grace, *grazia*.	gracefull, *grazioso*.
Faith, *fede*.	faithfull, *fedele*.
Chear, *allegria*.	chearfull, *allegro*.
Skill, *arte*.	skilfull, *versato*.
Power, *potere*.	powerfull, *potente*.
Delight, *piacere*.	delightfull, *piacevole*.
Distrust, *sospetto*.	distrustfull, *sospettoso*.
Dread, *spavento*.	dreadfull, *spaventevole*.
Will, *volontà*.	wilfull, *caparbio, ostinato*.
Watch, *vigilia*.	watchfull, *vigilante*.
Hurt, *nocumento*.	hurtfull, *nocivo*.
Mind, *cura*.	mindfull, *accurato*.
Pain, *dolore*.	painfull, *doloroso*.
Plenty, *abbastanza*.	plentifull, *abbondante*.

I seguenti si formano dai sustantivi aggiungendovi la particola less, ch' esprime nna privazione di quel che il sustantivo significa. ex.

Beard, *barba*.	beardless, *sbarbato*.
Blame, *biasimo*.	blameless, *senza biasimo*.
Father, *padre*.	fatherless, *senza padre*.
Friend, *amico*.	friendless, *senza amici*.
End, *fine*.	endless, *infinito*.
Name, *nome*.	nameless, *senza nome*.
Question, *dubbio*.	questionles, *indubitabile*.
Sense, *senso*.	senseless, *insensato*.

e molti altri.

Ve ne sono degli altri, che si formano aggiungendovi ous.

Danger, *pericolo*.	dangerous, *pericoloso*.
Courage, *coraggio*.	couragious, *coraggioso*.
Malice, *malizia*.	malicious, *malizioso*.
Harmony, *armonia*.	harmonious, *armonioso*.
Valour, *valore*.	valorous, *valoroso*.
Zeal, *zelo*.	zealous, *geloso*.
Monster, *mostro*.	monstrous, *mostruoso*.
Outrage, *oltraggio*.	outragious, *oltraggiante*.
Marvel, *maraviglia*.	marvellous, *maraviglioso*.
Rigour, *rigore*.	rigorous, *rigoroso*.
Virtue, *virtù*.	virtuous, *virtuoso*.

e molti altri.

Ve ne sono degli altri, che si formano aggiungendovi ly.

God, *Dio*.	godly, *pio*.
Brother, *fratello*.	brotherly, *fraterno*.
Earth, *terra*.	earthly, *terreno*.
Heaven, *cielo*.	heavenly, *celeste*.
Love, *amore*.	lovely, *amabile*.
Order, *ordine*.	orderly, *regolato*.

Ve ne sono, che si formano aggiungendovi y.

Blood, *sangue*, bloody, *sanguinolente*.
Dirt, *sporcizia*, dity, *sporco*.
Guilt, *colpa*, guilty, *colpevole*.
Hair, *pelo*, hairy, *peloso*.
Hunger, *fame*, hungry, *famelico*.
Louse, *pidocchio*, lousy, *pidocchioso*.
Mud, *fango*, muddy, *fangoso*.
Need, *bisogno*, needy, *bisognoso*.
Sand, *sabbia*, sandy, *sabbioso*.
Stone, *pietra*, stony, *pietroso*.
Wind, *vento*. windy, *ventoso*.

Ve ne sono degli altri, che si formano aggiungendovi ish.

Brute, *bruto*. brutish, *brutale*.
Devil, *diavolo*. devilish, *diabolico*.
Fool, *uno sciocco*, foolish, *sciocco*.
Sot, *un melenso*, sottish, *melenso*.
Water, *acqua*, waterish, *acquoso*.
Whore, *puttana*, worish, *puttanesco*.
Child, *fanciullo*, childish, *fanciullesco*.

Ma questa particola ish unita agli aggettivi diminuisce la loro significazione. ex.

White, *bianco*, whitish, *bianchiccio*.
Red, *rosso*, reddish, *rossiccio*.
Yellow, *giallo*, yellowish, *gialliccio*.
Cold, *freddo*, coldish, *un poco freddo*.
Sweet, *dolce*, sweetish, *dolcioso*.

Vi sono altri aggettivi, che si formano aggiungendovi able.

Season, *stagione*, seasonable, *di stagione*.
Blame, *biasimo*, blameable, *biasimevole*.
Change, *cangiamento*, changeable, *mutabile*.
Cure, *cura*, curable, *curabile*.
Favour, *favore*. favourauble, *favorevole*.

Mea-

Measure, *misura*, measurable, *misurabile*.
Note, *nota*, notable, *notabile*.
Pardon, *perdono*, perdonable, *perdonabile*.
Profit, *profitto*, profitable, *profittevole*.
e molti' altri.

I seguenti divengono aggettivi aggiungendovi al, cal, o ical.

Rhetorick, *rettorica*, rhetoricall, *rettorico*.
Angel, *angelo*. angelicall, *angelico*.
Canon, *canone*. canonicall, *canonico*.
Logick, *Logica*, logicall, *logico*.
Musick, *musica*, musicall, *musicale*.
Allegory, *allegoria*, allegoricall, *allegorico*.
Accident, *accidente*, accidentall, *accidentale*.
History, *istoria*, historicall, *istorico*.
Method, *metodo*, methodicall, *metodico*.
Person, *persona*, personall, *personale*.

La maggior parte degli aggetivi derivativi, dei quali abbiamo fatto menzione, che hanno la terminazione in full, less, ous, y, e ish, *divengono di nuovo sustantivi, aggiungendovi questa particola* ness.

Powerfull, *potente*, Powerfulness, *potenza*.
Wilfull, *caparbio*. Wilfulnes, *caparbietà*.
Careless, *trascurato*. Carelesness, *trascuraggine*
Godly, *pio*, Godliness, *pietà*.
Crafty, *astuto*, Craftiness, *astuzia*.
Foolish, *pazzo*, Foolishness, *pazzia*.
Righteous, *giusto*, Righteousness, *giustizia*.
Devilish, *diabolico*, Devilishness, *diavoleria*.
Brutish, *brutale*, Brutishness, *brutalità*. -

Dei Pronomi Personali.

Questi Pronomi si chiamano Personali, perchè sono impiegati in luogo del nome delle Persone, e delle cose. I, io, *si chiama la prima persona, ch'è*
quel-

quello, o quella che parla. Thou, *tu, la seconda, ch' è quello, o quella a chi si parla.* He, *egli*, she, *ella, la terza, ch' è quello, o quella della quale si parla. I plurali de' quali sono*, we, *noi*, ye, *o* you, *voi*; they, *eglino, o elleno.*

Declinazione de' Pronomi Personali.

Sing.   Plur.

Nom. I, *io.*   Nom. we, *noi.*
Gen. of me, *di me.*   Gen. of us, *di noi.*
Dat. to me, *a me, o mi.*   Dat. to us, *a noi, o ci.*
Acc. me, *me, mi.*   Acc. us, *noi, o ci.*
Abl. from me, *da me.*   Abl. from us, *da noi.*

Sing.   Plur.

Nom. thou, *tu.*   Nom. ye, *o* you, *voi.*
Gen. of thee, *di te.*   Gen. of you, *di voi.*
Dat. to thee, *a te, o ti.*   Dat. to you, *a voi, o vi.*
Acc. thee, *te, o ti.*   Acc. you, *voi, o vi.*
Abl. from thee, *da te.*   Abl. from you, *da voi.*

Sing.   Plur.

Nom. he, *egli.*   Nom. they, *eglino.*
Gen. of him, *di lui.*   Gen. of them, *di loro.*
Dat. to him, *a lui, o li.*   Dat. to them, *a loro, o li.*
Acc. him, *lui, o lo.*   Acc. them, *loro, o li.*
Abl. from him, *da lui.*   Acc. from them, *da loro.*

Sing.   Plur.

Nom. she, *ella.*   Nom. they, *elleno.*
Gen. of her, *di lei.*   Gen. of them, *di loro.*
Dat. to her, *a lei, o le.*   Dat. to them, *a loro, o le.*
Acc. her, *lei, o la.*   Acc. them, *loro, o le.*
Abl. from her, *da lei.*   Abl. from them, *da loro.*

Dell' uso de' Pronomi Personali.

Il nominativo di questi Pronomi precede il verbo in una frase affirmativa.

I speak, *io parlo.*   we speak, *noi parliamo.*
Thou lovest, *tu ami*,   ye love, *voi amate.*

He

He eateth, *egli man-* they eat, *eglino mangia-*
gia.   *no.*

In una frase interrogativa il nominativo seguita il verbo, quando il detto verbo è nudo, cioè senza esser accompagnato da altro segno del Presente, del Preterito, e del Futuro. ex.

Have you good Cloth? *Avete del buon panno?*
Can you do this? *Potete far questo?*
Is he rich? *E' ricco?*
Are you a Man of your *Siete uomo di parola?*
 Word?
Are they come? *Sono venuti?*
Are they well? *Stanno bene?*

Il Nominativo si mette fra il verbo, ed il segno. ex.

Do you speak Italian? *Parlate Italiano?*
What doth he do? *Che fa?*
Do you sleep so late? *Dormite così tardi?*
Shall I dine with you? *Resterò a pranzo con voi?*
Why do you walk so *Perchè camminate così*
 fast?   *presto?*
Do you fear him? *Avete paura di lui?*

Il nome si mette anche come il pronome. ex.

Is your Master at home? *Il vostro padrone è in casa?*
Is the Coach ready? *La carrozza è in ordine?*
Is the Sermon done? *E' finita la predica?*
Are my Books bound? *Sono legati i miei libri?*
Are your Sisters married? *Son maritate le vostre sorelle?*
Hat she brought my *Ha ella portato le mie*
 Linnen? *biancherie?*
Doth your Father know *Vostro padre mi conosce?*
 me?
When wil the Horses *Quando saranno in ordi-*
 be ready? *ne i cavalli?*

In

In una frase negativa interrogativa, la negativa
deve precedere il nome. ex.

Is not te King gone a Hunting?	Non è il Re andato alla caccia?
Are not the Horses ready yet?	Non sono ancora in ordine i cavalli?
Hath not my Father paid you?	Non v' ha pagato mio padre?

Ma la negativa si può mettere avanti,
o dopo il Pronome. ex.

Is he not at home? Is not he at home?	Non è egli in casa?
Are they not here? Are not they here?	Non sono eglino qui?
Doth he not know me? Doth not he know me?	Non mi conosce egli?
Do you not love me? Do not you love me?	Non mi amate voi?
Will he not come with us? Will not he come with us?	Non verrà egli con noi?

Il Dativo, e l' Accusativo de' Pronomi
Personali seguitano il verbo. ex.

I love you.	Vi amo.
You see me.	Voi mi vedete.
He sends you this.	Egli vi manda questo.
I gave him.	Io gli diedi.
I told her.	Io le dissi.
He know me.	Egli mi conosce.
I shall see her.	Io la vedrò.
I will thank them.	Io li ringrazierò.
He will come to see me.	Egli mi verrà a vedere.

Questi Pronomi si mettono fra 'l verbo, ed il segno nell' Imperativo. ex.

Let him love.	Che egli ami.
Let her go,	Che ella vada.
Let us drink.	Beviamo.
Let us walk faster.	Camminiamo più presto.
Let them come.	Che vengano.
Let them come in.	Ch' entrino.

De' Pronomi Possessivi.

Questi Pronomi si chiamano Possessivi, perchè si mettono avanti le cose che son possedute, o che appartengono alle persone, alle quali i Pronomi si riferiscono; e sono inclinabili.

Questi Pronomi sono di due sorte, Congiuntivi, ed Assoluti.

I congiuntivi sono quelli, che s'uniscono coi nomi.

Gli assoluti sono quelli, che sono senza i nomi, e si declinano come i Pronomi personali.

I Congiuntivi.

Sing.   Plur.

Nom. my, il mio, la mia.   Nom. my, i miei, le mie.
Gen. of my, del mio, della mia.   Gen. of my, de' miei, delle mie.
Dat. to my, al mio, alla mia.   Dat. to my, a' miei, alle mie.
Acc. my, il mio, la mia.   Acc. my, i miei, le mie.
Abl. from my, dal mio, dalla mia.   Abl. from my, da' miei, dalle mie.

Sing.   Plur.

Nom. thy, il tuo, la tua.   Nom. thy, i tuoi, le tue.
Gen. of thy, del tuo, della tua.   Gen. of thy, de' tuoi, delle tue.
Dat. to thy, al tuo, alla tua.   Dat. to thy, a' tuoi, alle tue.
Acc. thy, il tuo, la tua.   Acc. thy, i tuoi, le tue.

Abl.

Abl. from thy, *dal tuo dalla tua*.   *Abl.* from thy, *da' tuoi, dalle tue*.

Sing. Masc.
Nom. his, *il suo, la sua*.
Gen. of his, *del suo, della sua*.
Dat. to his, *al suo, alla sua*.
Acc. his, *il suo, la sua*.
Abl. from his, *dal suo, dalla sua*.

Plur.
Nom. his, *li suoi, le sue*.
Gen. of his, *de' suoi, delle sue*.
Dat. to his, *a' suoi, alle sue*.
Acc. his, *i suoi, le sue*.
Abl. from his, *da' suoi, dalle sue*.

Sing. Fem.
Nom. her, *il suo, la sua*.
Gen. of her, *del suo, della sua*.
Dat. to her, *al suo, alla sua*.
Acc. her, *il suo, la sua*.
Abl. from her, *dal suo, dalla sua*.

Plur.
Nom. her, *i suoi, le sue*.
Gen. of her, *de' suoi, delle sue*.
Dat. to her, *a' suoi, alle sue*.
Acc. her, *i suoi, le sue*.
Abl. from her, *da' suoi, dalle sue*.

Parlando della terza Persona bisogna dire his, *per le cose che appartengono ad un uomo, e* her, *per quelle, che appartengono ad una donna.* ex.

His Child, *il suo figliuolo*. His Children, *i suoi figliuoli*.
Her Child, *il di lei figliuolo*. Her Children, *i di lei figliuoli*.
His House, *la sua casa*. His Houses, *le sue case*.
Her House, *la di lei casa*. Her Houses, *le di lei case*.

La lingua Inglese ha un altro pronome possessivo congiuntivo, che serve alle cose inanimate, ed è its, *e si declina come gli altri.* ex.

The Diamond is the most valuable of all other precious Stones; because its Hardness, and its Brightness surpasses all others, *il diamante è più stima-*

stimato di tutte le altre pietre preziose, perchè la sua durezza, ed il suo splendore eccede tutte le altre.

I Pronomi Assoluti.

	Sing.	Plur.
Nom.	mine, il mio, la mia.	i miei, le mie.
Gen.	of mine, del mio, della mia.	de' miei, delle mie.
Dat.	to mine, al mio, alla mia.	a' miei, alle mie.
Acc.	mine, il mio, la mia.	i miei, le mie.
Abl.	from mine, dal mio, dalla mia.	da' miei, dalle mie.

	Sing.	Plur.
Nom.	thine, il tuo, la tua.	i tuoi, le tue.
Gen.	of thine, del tuo, della tua.	de' tuoi, delle tue.
Dat.	to thine, al tuo, alla tua.	a' tuoi, alle tue.
Acc.	thine, il tuo, la tua.	i tuoi, le tue.
Abl.	from thine, dal tuo, dalla tua.	da' tuoi, dalle tue.

	Sing.	Plur.
Nom.	his, il suo, la sua.	i suoi, le sue.
Gen.	of his, del suo, della sua.	de' suoi, delle sue.
Dat.	to his, al suo, alla sua.	a' suoi, alle sue.
Acc.	his, il suo, la sua.	i suoi, le sue.
Abl.	from his, dal suo, dalla sua.	da' suoi, dalle sue.

Sing.

Sing.	Plur.
Nom. hers, *il suo, la sua*.	*i suoi, le sue*.
Gen. of hers, *del suo, della sua*.	*de' suoi, delle sue*.
Dat. to hers, *al suo, alla sua*.	*a' suoi, alle sue*.
Acc. hers, *il suo, la sua*.	*i suoi, le sue*.
Abl. from hers, *dal suo, dalla sua*.	*da' suoi, dalle sue*.

Sing.	Plur.
Nom. ours, *il nostro, la nostra*.	*i nostri, le nostre*.
Gen. of ours, *del nostro, della nostra*.	*de' nostri, delle nostre*.
Dat. to ours, *al nostro, alla nostra*.	*a' nostri, alle nostre*.
Acc. ours, *il nostro, la nostra*.	*i nostri, le nostre*.
Abl. from ours, *dal nostro, dalla nostra*.	*da' nostri, dalle nostre*.

Sing.	Plur.
Nom. yours, *il vostro, la vostra*.	*i vostri, le vostre*.
Gen. of yours, *del vostro, della vostra*.	*de' vostri, delle vostre*.
Dat. to yours, *al vostro, alla vostra*.	*a' vostri, alle vostre*.
Acc. yours, *il vostro, la vostra*.	*i vostri, le vostre*.
Abl. from yours, *dal vostro, dalla vostra*.	*da' vostri, dalle vostre*.

Sing.	Plur.
Nom. theirs, *il loro, la loro*.	*i loro, le loro*.

GRAMMATICA INGLESE

Gen. of theirs, *del loro*, *de' loro*, *delle loro*, *della loro*.
Dat. to theirs, *al loro*, *a' loro*, *alle loro*, *alla loro*.
Acc. theirs, *il loro*, *la loro*, *i loro*, *le loro*.
Abl. from theirs, *dal loro*, *da' loro*, *dalle loro*, *dalla loro*.

E*sempj*.

My Father,	*mio Padre*.
My Mother,	*mia Madre*.
My Brothers,	*i miei Fratelli*.
My Sisters,	*le mie Sorelle*.
Thy Horse,	*il tuo Cavallo*.
Thy House,	*la tua Casa*.
Thy Cows,	*le tue Vacche*.
Thy Dogs,	*i tuoi Cani*.
His Bed,	*il suo Letto*.
His Beds,	*i suoi letti*.
His Coach,	*la sua Carrozza*.
His Coaches,	*le sue Carrozze*.
Your House and mine.	*La vostra casa, e la mia*.
Your Friends and mine.	*I vostri amici, ed i miei*.
Your Daughters and mine.	*Le vostre figliuole, e le mie*.
My Country and yours.	*Il mio Paese, ed il vostro*.
My Fryends and yours.	*I miei amici, ed i vostri*.
Our Servants and theirs.	*I nostri Servi, ed i loro*.
Their Horses are finer than ours.	*I loro Cavalli sono più belli de' nostri*.
Your House is larger than mine.	*La vostra Casa è più grande della mia*.
I have lost my Knife.	*Ho perduto il mio coltello*.
Lend me your.	*Imprestatemi il vostro*.
I have forgot my Cloak.	*Ho dimenticato il mio mantello*.

Will you have mine? *Volese il mio?*
Make use of mine. *Servitevi del mio.*

Dei Pronomi Dimostrativi.

Questi Pronomi si chiamano dimostrativi, perchè servono a dimostrare le persone, e le cose.

I Pronomi dimostrativi sono due; this, questo; that, quello. Si declinano in questa maniera, e sono d'ogni genere.

Sing.	Plur.
Nom. this, *questo*.	Nom. these, *questi*.
Gen. of this, *di questo*.	Gen. of these, *di questi*.
Dat. to this, *a questo*.	Dat. to these, *a questi*.
Acc. this, *questo*.	Acc. these, *questi*.
Abl. from this, *da questo*.	Abl. from these, *da questi*.

Sing.	Plur.
Nom. that, *quello*.	Nom. those, *quelli*.
Gen. of that, *di quello*.	Gen. of those, *di quelli*.
Dat. to that, *a quello*.	Dat. to those, *a quelli*.
Acc. that, *quello*.	Acc. those, *quelli*.
Abl. from that, *da quello*.	Abl. from those, *da quelli*.

Esempj.

This Man, *questo uomo*.	These Men, *questi uomini*.
This Woman, *questa donna*.	These Women, *queste donne*.
This Book, *questo libro*.	These Books, *questi libri*.
This House, *questa casa*.	These Houses, *queste case*.
That Man, *quell'uomo*.	Those Men, *quelli uomini*.

GRAMMATICA INGLESE

That Woman, *quella donna*.	Those Women, *quelle donne*.
That Book, *quel libro*.	Those Books, *que' libri*.
That House, *quella casa*.	Those Houses, *quelle case*.
That Man pleases me.	*Quell' uomo mi piace*.
That Woman is handsome.	*Quella donna è bella*.
How do you like this House?	*Che vi pare di questa casa?*
That vexes me.	*Quello mi dispiace*.
I do not believe that.	*Non credo ciò*.
Are you content with that?	*Siete contento di quello?*
This colour pleases me better than that.	*Questo colore mi piace meglio di quello*.

Avanti il Relativo (that, *che*) ci serviamo de' Pronomi Personali, e non dei Dimostrativi.

He that is content, is rich.	*Colui, ch'è contento, è ricco*.
She that you know.	*Quella, che conoscete*.
Blessed are they that die in the Lord.	*Felici quelli, che muojono nel Signore*.
They that have done it are to blame.	*Quelli, che l' hanno fatto, sono da biasimare*.

Ci serviamo di questi Pronomi, this, that, per evitare la repetizione della medesima parola. ex.

This Knife doe not cut so well as that which I lost.	*Questo coltello non taglia così bene, che l' altro, ch' ho perduto*.
That Cloth is not so fine as that you bought yesterday.	*Questo panno non è sì fino, che quello, che compraste jeri*.

Dei

Dei Pronomi Relativi.

I *Pronomi relativi si riferiscono ai sostantivi, che li precedono; e sono tre:* who, chi, che, il quale; which, il quale, la quale, i quali, le quali; that, che: *sono d'ogni numero, e d'ogni genere, e si declinano, come gli altri Pronomi.*

Nom. who, chi, che.
Gen. of whom, di chi, di cui.
Dat. to whom, a chi, a cui.
Nom. which, il quale.
Gen. of which, del quale.
Dat. to which, al quale.
Acc. which, il quale.
Abl. from which, dal quale.

Acc. whom, chi, che.
Abl. from whom, da chi, da cui.

Nom. that, che.
Gen. of that, di che.
Dat. to that, a che,
Acc. that, che.
Abl. from that, da che.

Il Pronome who *si riferisce solamente alle Persone.*

Alexander, who found the Earth too little.	Alessandro, che trovò la terra troppa angusta.
Of whom do you speak.	Di chi parlate?
Who told you that?	Chi v'ha detto quello?
He is a Man of whom i have received many favours.	Egli è un uomo, da cui ho ricevuto molti favori.
Tho whom i am much oblig'd.	A cui sono molto obbligato.
She is the Woman whom i love.	Ella è la donna, che amo.

Wich, *e* that *si riferiscono alle Persone, ed alle cose indiferentemente.*

The man that lives well.	L'uomo, che ben vive.
The woman that is modest.	La donna, ch'è modesta.
The Birds that fly.	Gli uccelli, che volano.

D 3   They

They are Predictions which wan us of our misfortunes. — Sono predizioni, che ci avvertiscono delle nostre disgrazie.

Golds is a Metal which doth help us in all our wants, wich makes the execution of our designs easie, and which maches us triumph over all difficulties. — L'oro è un metallo, che ci assiste in ogni nostro bisogno, che facilita l' esecuzione de' nostri disegni, e ci fa superare tutte le difficoltà.

Fortune, of wich i have receiv'd so many favours. — La fortuna, da cui ho ricevuti tanti favori.

Who, e which *fono ancora* Pronomi Interrogativi. ex.

Who is there?	Chi è lì?
Who is that Man?	Che uomo è quello?
Who is that Woman?	Che donna è quella?
Who are these Men?	Che uomini sono quelli?
Which will you have?	Quale volete?
Which of these two Horses do you like best?	Quale di questi due cavali amate meglio?
From whom have you this News?	Da chi avete inteso queste novelle?
Which is the way to London?	Qual è la strada di Londra?

Ci serviamo di wht, per esprimere quel, che, in Italiano; come anche per domandare d'una persona, e d'una cosa.

What you say is true.	Quel, che dite, è vero.
Give me what you will.	Datemi quel, che volete.
What one wins the other spends.	Quel, che l'uno guadagna, l'altro spende.
Say what you know.	Dite quel, che sapete.

What Man is that?	Che uomo è quello?
What trade are you of?	Di che mestiere siete voi?
What say you?	Che dite voi?
What do you want?	Che volete?
What will you drink?	Che volete bere?

Questa parola (where) seguitata dalle seguenti Preposizioni about, at, in, unto, with, è usitata in luogo di vhich. ex.

Whereabout.	Verso il qual luogo.
Whereat.	Alla qual cosa, o al che.
Wherein.	Nella qual cosa, e nel che.
Whereof.	Del che.
Wherewith.	Colla qual cosa, o con che.
Whereunto.	Alla qual cosa, o al che.

Dei Verbi.

Il verbo è una parte d'orazione, che significa fare, patire, ed essere; e si congiuga per tempi, modi, persone, e numeri.

Vi sono due sorte di Verbi, Personale, ed Impersonale.

Il verbo personale si congiuga per tre persone, tanto nel singolare, che nel plurale. ex. I love, io amo; thou lovest, tu ami; he loveth, o loves, egli ama; we love, noi amiamo; ye love, voi amate; they love, eglino amano.

Il verbo impersonale si congiuga per la terza persona singolare; come: it rains, piove; it snows, nevica.

Vi sono tre sorte di verbi personali in Inglese: un verbo attivo, che significa fare; come: I write, io scrivo; I read, io leggo. Un verbo passivo, che significa patire; come: I am beaten, io sono battuto; I am loved, io sono amato. Un verbo neutro, che significa essere, o esistere; come: I am; io sono; I stand, io sto.

Un verbo attivo si conosce, quando vi si può aggiungere questa parola something, qualche cosa ; come : to eat something, mangiar qualche cosa ; to drink something, bere qualche cosa.

Non abbiamo nella lingua Inglese, come nè meno nell' Italiano, verbi passivi, che'siano tali in loro stessi ; ma i participj de' verbi attivi declinati col verbo essere, to be, san diventare il verbo passivo ; come : to love, amare, è un verbo attivo ; to be loved, essere amato, è un verbo passivo.

I verbi hanno quattro modi, o maniere di significazione.

Il primo modo, e maniera di mostrare, dichiarare, affermare, negare, e domandare, si chiama indicativo ; come : I speak, io parlo ; I do not speak, io non parlo ; do you speak ? parlate voi ?

Il secondo modo si chiama Imperativo, ch' è la maniera di comandare, pregare, ed esortare ; come : do that, fate ciò ; let him do that, che faccia quello ; pray do me this favour, vi prego fatemi questo favore.

Il terzo modo è il Potenziale, o ottativo, ch' è la maniera di desiderare di poter fare ; come : God grant that i may do that, Dio voglia, ch' io lo possa fare.

Il quarto, ed ultimo modo si chiama infinito, ch' è la maniera d' esprimere un verbo semplicemente, senza definire il tempo, la persona, nè il numero ; come : to speak, parlare ; to do, fare ; to be, essere.

Ogni verbo comprendendo in sè un' azione fatta, o ricevuta, o una esistenza, bisogna necessariamente, che questa azione accada, o si faccia in un certo tempo, e questo tempo bisogna che sia presente, o passato, o futuro ; e per ciò diciamo, che un verbo è presente, o preterito, o futuro. Quest' sono i termini de' grammatici per esprimere i diversi tempi.

Il

Il tempo presente è quello, nel quale facciamo, o soffriamo qualche cosa; come: I love, *io amo*; I am loved, *io sono amato*.

Il tempo passato, e preterito si divide in tempo imperfetto, perfetto, e più che perfetto.

Il primo si chiama imperfetto, perchè mostra, che un'azione non era finita nel tempo, del quale si fa menzione; come: I was writing a Letter when he came, *scriveva una lettera, quando egli venne*; cioè, *la lettera non era finita*.

Il secondo si chiama preterito perfetto, perchè significa, che una cosa è affatto finita, ed il tempo è ancora specificato; come: Yesterday i saw your Brother, *jeri io vidi vostro fratello*; i spoke to him this Morning, *gli ho parlato stamattina*.

Il terzo si chiama preterito più che perfetto, perchè dinota, che l'azione era passata, quando si fa menzione di un tempo, e d'un'altra azione; come: I had received your Letter before ye came, *aveva ricevuto la vostra lettera, prima che voi veniste*; I had dined before you sent me the Wine, *aveva pranzato, prima che voi mi mandaste il vino*.

Ogni tempo ha due numeri, *il singolare, ed il plurale*.

Ogni tempo ha tre persone, I, *io*; thou, *tu*; he, o she, *egli, e ella*, per il singolare.

We, *noi*; ye, o you, *voi*; they, *eglino, o elleno*, per il plurale.

La prima persona è quella, o quelle, che parlano; come: I speak, *io parlo*; we speak, *noi parliamo*.

La seconda persona è quella, o quelle, alle quali si parla; come: thou speakest, *tu parli*; ye, o you speak, *voi parlate*.

La terza persona è quella, o quelle, delle quali si

parla; come: he speaks, *egli parla*; they speak, *eglino parlano*.

Oltre le diverse forte di verbi, de' quali abbiamo parlato, vi sono due altri verbi, che sono chiamati ausiliarj; cioè: to have, *avere*; e to be, *essere*. Non senza ragione vengono chiamati ausiliarj, perchè sono di grande ajuto nella congiugazione degli altri verbi. Il verbo, to have, *avere*, serve ai verbi attivi: ed il verbo essere, to be, ai verbi passivi.

Prima di principiare la congiugazione de' verbi, non sarà fuor di proposito d' avvertire, che la lingua Inglese non ha, che una sola congiugazione, la quale non è altro, che una repetizione dell' Infinito, aggiungendovi alcune particelle, che fanno la differenza de' tempi. Ma per maggior intelligenza parlerò d'ogni tempo in particolare, e del segno, che l' accompagna.

Principierò dunque dall' Infinito, perchè tutti gli altri tempi si formano da questo.

L' infinito si conosce dalla particella to, che lo precede; come: to love, *amare*; to believe, *credere*; to hear, *sentire*.

Il presente dell'indicativo non è altro che l'infinito, tolta la particola to; con questa sola differenza, che alla seconda persona s' aggiunge ft; ed alla terza th, o s; così diciamo: I love, *io amo*; tho lovest, *tu ami*; he loveth, o loves, *egli ama*; we love, *noi amiamo*; ye love, *voi amate*; they love *eglino amano*. I believe, *io credo*; thou believest, *tu credi*; he believeth, o believes, *egli crede*; we believe, *noi crediamo*, ec. I hear, *io sento*; thou hearest, *tu senti*; he heareth, o hears, *egli sente*; we hear, *noi sentiamo*, ec.

A questo tempo s' aggiunge qualche volta la particola do; ma allora la significazione del verbo riceve

mag-

maggior forza, ed ha più energia; come: I know it, *lo sò;* I do know it, *lo sò in vero; e si congiuga in questo modo* : I do know, *io sò* ; to doſt know, *tu sai;* he does know, *egli sa ;* we do know, *noi sappiamo* ; ye do know, *voi sapete ;* they do know, *eglino sanno.*

L' Imperfetto è formato da questa particola did, *e l'infinito del verbo. Non varia in niuna persona : solamente la particola* did *riceve* ſt *alla seconda persona singolare ; come :* I did love, *io amava*, thou didſt love, *tu amavi ;* he did love, *egli amava ;* we did love, *noi amavamo,* ec.

Il preterito definito de' verbi regolari si forma dall' infinito aggiungendovi un d*; ma alla seconda persona singolare vi si aggiugne di più* ſt ; *come :* I loved, *io amai ;* thou lo vedſt, *tu amaſti ;* he loved, *egli amò ;* we loved, *noi amammo ;* ye loved, *voi amaſte ;* they loved, *eglino amarono.*

Bisogna però avvertire, che quando l'infinito de' verbi regolari termina con una consonante, allora vi s' aggiunge ed, *o solamente un* d , *ed in luogo dell' e, vi si mette un apoſtrofo ; così* : I hear, *io sento ;* I heared, *o* hear'd, *io sentii :* thou hearedſt, *tu sentiſti ;* heared, *o* hear'd, *egli sentì,* ec.

Gli altri Preteriti si formano dal participio del verbo, governato da' verbi ausiliari to have, *avere;* o to be, *essere, come in Italiano.*

Il futuro si forma similmente dall' infinito aggiuntavi una di queste particelle, shall, *o* will ; *ma l'infinito non varia in niuna delle persone, ma bensì la particola, la quale riceve un* t *alla seconda persona singolare.* ex. I shall, o will love, *io amerò ;* thou shalt, o wilt love, *tu amerai ;* he shall, o will love, *egli amerà ;* we shall, o will love, *noi ameremo ;*

remo; ye shall, *o* will love, *voi amerete;* they shall, *o* will love, *eglino ameranno.*

E' però da notare che sebbene shall, *e* will *sono particole del futuro, non devono però usarsi indifferentemente l'una per l'altra, come fanno i poco intelligenti della lingua Inglese;* perchè shall, *nelle prime persone è solamente un puro segno del futuro; come:* I shall go, *io anderò;* we shall go, *noi anderemo; ma nell' altre persone, benchè sia anche segno del futuro, comprende però un certo comando o forza, che si volesse fare alla persona, alla quale, o della quale si parla; come:* thou shalt go, *tu anderai, cioè, ti farò ben andar io;* he shall go, *egli anderà, cioè lo farò ben andar io; e così della seconda, e terza persona plurale; ma in luogo di* shall, *bisogna servirsi di* will.

Al contrario will, *nelle prime persone oltre il segno del futuro significa una certa risoluzione, o determinata volontà di fare qualche cosa; come:* to morrow i will go out of Town, *domani anderò, o voglio andare fuor di Città.*

L' Imperativo parte vien formato dall' infinito senza alcuna particola, cioè la seconda persona singolare, e plurale; e parte, cioè la terza singolare, e la prima, e terza plurale, vien formato dall' infinito, e da questa particola let, *che si mette sempre avanti il pronome personale, o altro nominativo. ex.* love thou *ama tu;* let him love, *che ami;* let us love, *amiamo:* love ye, *amate;* let them love, *che amino.*

Il presente dell'ottativo si forma similmente dall' Infinito, e questa particola may, *senza variare la terminazione dell' infinito, aggiungendo solamente* st *alla particola nella seconda persona singolare. ex.* I may love, *io ami;* thou mayest love, *tu ami;* he may love, *egli ami;* we may love, *noi amiamo;*

PER GL' ITALIANI.   61

mo : ye may love , *voi amiate*; they may love , *eglino amano*.

Il primo imperfetto dell' ottativo si forma dall' infinito, e questa particola should, o would, *aggiungendo* est *alle particole nella seconda persona singolare.* ex. I should , o would love , *io amerei*; thou shouldest , o wouldest love , *tu ameresti*; he shoud, o would love, *egli amerebbe*; we should, o would love, *noi ameremmo*, ec.

Il secondo Imperfetto si forma anche dall' infinito, e dalla particola might , *aggiungendovi* est *nella seconda persona singolare.* ex. I might love, *io amassi*; thou mightest love , *tu amassi*; he might love, *egli amasse*, ec.

Avendo parlato a bastanza della formazione de' tempi, procederò adesso alla congiugazione de' verbi ausiliarj, come i più necessarj a sapere, e serviranno di regola a tutti gli altri.

La Conjugazione de' Verbi Ausiliarj.
L' Indicativo.
Presente.

Sing.   Plur.
I have , *io ho*.   We have, *noi abbiamo*.
Thou hast , *tu hai*.   Ye have, *voi avete*.
Ha hath , o has, *egli ha*. They have, *eglino hanno*.

L' Imperfetto.

Sing.   Plur.
I had, *io aveva*.   We had , *noi avevamo*.
Thou hadst , *tu avevi*.   Ye had , *voi avevate*.
He had , *egli aveva*.   They had, *eglino avevano*.

Il Perfetto.

Sing.   Plur.
I had, *io ebbi*.   We had , *noi avemmo*.
Thou hadst , *tu avesti*.   Ye had , *voi aveste*.
He had, *egli ebbe*.   They had , *eglino ebbero*.

1. Pre-

1. Preterito più che Perfetto.
Sing.
I have had. — *io ho avuto.*
Thou hast had. — *tu hai avuto.*
He has, o hath had. — *egli ha avuto.*
Plur.
We have had. — *noi abbiamo avuto.*
Ye have had. — *voi avete avuto.*
They have had. — *eglino hanno avuto.*

2. Preterito più che Perfetto.
Sing.
I had had. — *io aveva avuto.*
Thou hadst had. — *tu avevi avuto.*
He had had. — *egli aveva avuto.*
Plur.
We had had. — *noi avevamo avuto.*
Ye had had. — *voi avevate avuto.*
They had had. — *eglino avevano avuto.*

Il Futuro.

Sing.
I shall have, *io averò.*
Thou shalt have, *tu averai.*
He shall have, *egli averà.*

Plur.
We shall have, *noi averemo.*
Ye shall have, *voi averete.*
They shall have, *eglino averanno.*

L'Imperativo.
Have thou, *abbi tu.*
Let him have, *abbia egli.*
Let us have, *abbiamo noi.*
Have ye, *abbiate voi.*
Let them have, *abbiano eglino.*

L'Ottativo Presente.

Sing.
I may ave.	io abbia.
Thou mayeſt have.	tu abbia.
He may have.	egli abbia.

Plur.
We may have.	noi abbiamo.
Ye may have.	voi abbiate.
They may have.	eglino abbiano.

1. Imperfetto.

Sing.
I should have.	io avrei.
Thou shouldeſt have.	tu averesti.
He should have.	egli averebbe.

Plur.
We should have.	noi averemmo.
Ye should have.	voi avreste.
They should have.	eglino avrebbero.

2. Imperfetto.

Sing.   Sing.
I might have.	io avessi.
Thou might'ſt have.	tu avessi.
He might have.	egli avesse.

Plur.   Plur.
We might have.	noi avessimo.
Ye might have.	voi aveste.
They might have.	eglino avessero.

Il Futuro.

Sing.   Sing.
I shall have had.	io averò avuto.
Thou shalt have had.	tu averai avuto.
He shall have had.	egli averà avuto.

1. Pre-

GRAMMATICA INGLESE

Plur.   Plur.
We shall have had.   *noi averemo avuto.*
Ye shall have had.   *voi averete avuto.*
They shall have had.   *eglino averanno avuto.*

L'Infinito.

Presente.   Il Participio.
To have, *avere*.   had, *avuto*.
   Il Preterito.   Gerundio.
To have had, *avere avuto*.   having, *avendo*.

Congiugazione del verbo
To be, *essere*.
Indicativo.
Presente.

Sing.   Plur.
I am, *io sono*,   We are, *noi siamo*.
Thou art, *tu sei*.   Ye are, *voi siete*.
He is, *egli è*.   They are, *eglino sono*.

L'Imperfetto.

Sing.   Sing.
I was.   *Io era*.
Thou wast.   *tu eri*.
He was.   *egli era*.
Plur.   Plur.
We were.   *Noi eravamo*.
Ye were.   *voi eravate*.
They were.   *eglino erano*.

Il Preterito Perfetto.

Sing.   Plur.
I was, *io fui*.   We were, *noi fummo*.
Thou wast, *tu fosti*.   Ye were, *voi foste*.
He was, *egli fu*.   They were, *eglino furono*.

1. Preterito più che perfetto.

Sing.	Sing.
I have been.	Io sono stato.
Thou hast been.	tu sei stato.
He hath or has been.	egli è stato.
Plur.	Plur.
We have been.	Noi siamo stati.
Ye have been.	voi siete stati.
They have been.	eglino sono stati.

2. Preterito più che perfetto.

Sing.	Sing.
I had been.	Io era stato.
Thou hadst been.	tu eri stato.
He had been.	egli era stato.
Plur.	Plur.
We had been.	Noi eravamo stati.
Ye had been.	voi eravate stati.
They had been.	eglino erano stati.

Il Futuro.

Sing.	Sing.
I shall be.	Io sarò.
Thou shalt be.	tu sarai.
He shall be.	egli sarà.
Plur.	Plur.
We shall be.	Noi saremo.
Ye shall be.	voi sarete.
They shall be.	eglino saranno.

L' Imperativo.

Sing.	Sing.
Be thou.	sii tu.
Let him be.	sia egli.
Plur.	Plur.
Let us be.	siamo noi.
Be ye.	siate voi.
Let them be.	siano eglino.

Ottativo.
Presente.

Sing.	Sing.
I may be.	Io sia.
Thou mayst be.	tu sia, o sii.
He may be.	egli sia.
Plur.	Plur.
We may be.	Noi siamo.
Ye may be.	voi siate.
They may be.	eglino siano, o siino.

1. Imperfetto.

Sing.	Sing.
I should be.	Io sarei.
Thou shouldst be.	tu saresti.
He should be.	egli sarebbe.
Plur.	Plur.
We should be.	Noi saremmo.
Ye should be.	voi sareste.
They should be.	eglino sarebbero.

2. Imperfetto.

Sing.	Sing.
I might be.	Io fossi.
Thou mightst be.	tu fossi.
He might be.	egli fosse.
Plur.	Plur.
We might be.	Noi fossimo.
Ye might be.	voi foste.
They might be.	eglino fossero.

1. Preterito più che perfetto.

Sing.	Sing.
I may have been.	Io sia stato.
Thou mayst have been.	tu sia stato.
He may have been.	egli sia stato.
	Plur.

Plur.	Plur.
We may have been.	*Noi fiamo ſtati.*
Ye may have been.	*voi fiate ſtati.*
They may have been.	*eglino fiano ſtati.*
Sing.	Sing.
I should have been.	*Io farei ſtato.*
Thou shouldſt have been	*tu fareſti ſtato.*
He should have been.	*egli farebbe ſtato.*
Plur.	Plur.
We should have been	*Noi faremmo ſtati.*
Ye should have been.	*voi fareſte ſtati.*
They should have been.	*eglino farebbero ſtati.*

2. Imperfetto.

Sing.	Sing.
I might have been.	*Io foſſi ſtato.*
Thou mightſt have been.	*tu foſſi ſtato.*
He might have been.	*egli foſſe ſtato.*
Plur.	Plur.
We might have been	*Noi foſſimo ſtati.*
Ye might have been.	*voi foſte ſtati.*
They might have been.	*eglino foſſero ſtati.*

Il Futuro.

Sing.	Sing.
I shall have been.	*Io farò ſtato.*
Thou shalt have been.	*tu farai ſtato.*
He shall have been.	*egli farà ſtato.*
Plur.	Plur.
We shall have been.	*Noi faremo ſtati.*
Ye shall have been.	*voi fareſte ſtati.*
They shall have been.	*eglino faranno ſtati.*

L' Infinito Preſente.	Il Preterito.
To be, *eſſere.*	To have bee, *eſſere ſtato.*
Participio.	Gerondio.
Been, *ſtato.*	Being, *eſſendo.*
	Having been, *eſſendo ſtato*

Congiugazione d'un verbo regolare.
Indicativo Presente.

Sing. — Plur.

I love, *io amo*. — We love, *noi amiamo*.
Thou lovest, *tu ami*. — Ye love, *voi amate*.
He loveth, or loves, *egli ama*. — They love, *eglino amano*.

Imperfetto.

I did love, *io amava*. — We did love, *noi amavamo*.
Thou didst love, *tu amavi*. — Ye did love, *voi amavate*.
He did love, *egli amava*. — They did love, *eglino amavano*.

Perfetto.

Sing. — Plur.

I loved, *io amai*. — We loved, *noi amammo*.
Thou lovedst, *tu amasti*. — Ye loved, *voi amaste*.
He loved, *egli amò*. — They loved, *eglino amarono*.

1. Pret. più che perfetto.

Sing. — Plur.

I have loved, *io ho amato*. — We have loved, *noi abbiamo amato*.
Thou hast loved, *tu hai amato*. — Ye have loved, *voi avete amato*.
He hath, ovvero has loved, *egli ha amato*. — They have loved, *eglino hanno amato*.

2 Pret. più che perfetto.

Sing. — Sing.

I had loved. — *io aveva amato*.
Thou hadst loved. — *tu avevi amato*.
He had loved. — *egli aveva amato*.

Plur.

Plur.	Plur.
We had loved.	noi avevamo amato.
Ye had loved.	voi avevate amato.
They had loved.	eglino avevano amato.

Futuro.

Sing.	Sing.
I shall love.	io amerò.
Thou shalt love.	tu amerai.
He shall love.	egli amerà.
Plur.	Plur.
We shall love.	noi ameremo.
Ye shall love.	voi amerete.
They shall love.	eglino ameranno.

Imperativo.

Sing.	Sing.
Love thou.	ami tu.
Let him love.	ami egli.
Plur.	Plur.
Let us love.	amiamo noi.
Love ye.	amiate voi.
Let them love.	amino eglino.

Ottativo Presente.

Sing.	Sing.
I may love.	io ami.
Thou mayst love.	tu ami.
He may love.	egli ami.
Plur.	Plur.
We may love.	noi amiamo.
Ye may love.	voi amiate.
They may love.	eglino amino.

1. Imperfetto.

Sing.	Sing.
I should love.	io amerei.
Thou shouldst love.	tu ameresti.
He should love.	egli amerebbe.

Plur.   Plur.
We should love.   noi ameremmo.
Ye should love.   voi amereste.
They should love.   eglino amerebbero.

2. Imperf.

Sing.   Sing.
I might love.   io amassi.
Thou mightst love.   tu amassi.
He might love.   egli amasse.

Plur.   Plur.
We might love.   noi amassimo.
Ye might love.   voi amaste.
They might love.   eglino amassero.

Pret. più che perfetto.

Sing.   Sing.
I may have loved.   io abbia amato.
Thou mayst have loved.   tu abbia amato.
He may have loved.   egli abbia amato.

Plur.   Plur.
We may have loved.   noi abbiamo amato.
Ye may have loved.   voi abbiate amato.
They may have loved.   eglino abbiano amato.

1. Imperfetto.

Sing.   Sing.
I should have loved.   io averei amato.
Thou shouldst have loved.   tu averesti amato.
He should have loved.   egli averebbe amato.

Plur.   Plur.
We should have loved.   noi averemo amato.
Ye should have loved.   voi avereste amato.
They should have loved.   eglino averebbero amato.

2. Imperf.

Sing. — Sing.
I might have loved. — io avessi amato.
Thou mightst have loved — tu avessi amato.
He might have loved. — egli avesse amato.

Plur. — Plur.
We might have loved. — noi avessimo amato.
Ye might have loved. — voi aveste amato.
They might have loved. — eglino avessero amato.

Futuro.

Sing. — Sing.
I shall have loved. — io averò amato.
Thou shalt have loved. — tu averai amato.
He shall have loved. — egli averà amato.

Plur. — Plur.
We shall have loved. — noi averemo amato.
Ye shall have loved. — voi averete amato.
They shall have loved. — eglino averanno amato.

L'Infinito Presente.

To love, *amare*.

Pret.

To have loved, *avere amato*.

Participio.

Loved, *amato*.

Gerondio.

Loving, *amando*.

Il verbo passivo, come in Italiano, non è altro, che il Verbo sostantivo to be, *essere, ed il participio del Verbo Attivo.* ex.

I am loved, *io sono amato*.
We are loved, *noi siamo amati*.
I was loved, *io era amato*.
We were loved, *noi eravamo amati*.
I shall be loved, *io sarò amato*.
We shall be loved, *noi saremo amati*.

De' Verbi irregolari.

L'*Irregolarità de' verbi Inglesi non consiste, che nel Participio passivo, e da questo si forma il Preterito definito de' detti verbi, aggiungendo solamente alla seconda Persona singolare* si *per quelli, ch: non terminano in* t; *perchè a questi vi s' aggiunge solamente un* s. I *Purtecipj de' verbi di moto sono congiugati col verbo essere,* to be; *come:* I am gone, *sono andato;* I am come, *sono venuto:* tutti gli altri *sono congiugati col verbo* to have, *avere; come:* I have loved, *ho amato;* I have slept, *ho dormito.*

Lista de' verbi Irregolari.

INF.
To abide, *dimorare.* I abode, *dimorai.* I have abode, *ho dimorato.*
to ask, *domandare.* I asked, *io domandai.* I have asked, *ho domandato.*
to awake, *svegliare.* I awaked, e awoke, *io svegliai.* I have awaked, *ho svegliato.*
to be, *essere.* I was, *io fui.* I have been, *sono stato.*
to buy, *comprare.* I bought, *io comprai.* I have bought, *ho comprato.*
to begin, *cominciare.* I began, *io cominciai.* I have begun, *ho cominciato.*
to bear, *portare.* I bore, *io portai.* I have born, *ho portato.*
to ben born, *nascere.* I was born, *io nacqui.* I have been born, *son nato.*
to behold, *mirare.* I beheld, *io mirai.* I have beheld, *ho mirato.*
to bring, *portare.* I brought, *io portai.* I have brought, *ho portato.*
to bleed, *sanguinare.* I bled, *io sanguinai.* I have bled, *ho sanguinato.*

To breed, *generare*. I bred, *io generai*. I have bred, *ho generato*.
to bend, *piegare*. I bent, *io piegai*. I have bent, *ho piegato*.
to bite, *mordere*. I bit, *io morsi*. I have bitten, *ho morso*.
to bid, *comandare*. I bad, *io comandai*. I have bidden, *ho comandato*.
to break, *rompere*. I broke, *io ruppi*. I have broken, *ho rotto*.
to beseech, *supplicare*. I besought, *io supplicai*. I have besought, *ho supplicato*.
to blow, *soffiare*. I blew, *io soffiai*. I have blown, *ho soffiato*.
to bind, *legare*. I bound, *io legai*. I have bound, *ho legato*.
to bereave, *spogliare*. I bereft, *io spogliai*. I have bereft, *ho spogliato*.
to beget, *generare*. I begot, *io generai*. I have begotten, *ho generato*.
to become, *diventare*. I beame, *io diventai*. I have become, *son diventato*.
to burn, *bruciare*. I burnt, *io bruciai*. I have burnt, *ho bruciato*.
to come, *venire*. I came, *io venni*. I am come, *son venuto*.
to cut, *tagliare*. I cut, *io tagliai*. I have cut, *ho tagliato*.
to chuse, *scegliere*. I chose, *io scelsi*. I have chosen, *ho scelto*.
to chide, *sgridare*. I chid, *io sgridai*. I have chidden, *ho sgridato*.
to cleave, *fendere*. I clave, *io fendei*. I have cloven, *o cleft*, *ho fenduto*.

To cath, *prendere*. I catched, *io presi*. I have caught, *ho preso*.
to creep, *rampicare*. I crept, *io rampicai*. I have crept, *ho rampicato*.
to curse, *maledire*. I cursed, *io maledissi*. I have cursed, *o curst*, *ho maladetto*.
to cling, *attaccarsi*. I clung, *io m' attaccai*. I have clung, *mi sono attaccato*.
to crack, *rompere*. I craked, *io ruppi*. I have craked, *o crackt*, *ho rotto*.
to crow, *cantare*. I crew, *io cantai*. I have crowed, *ho cantato*, *come fa un gallo*.
to do, *fare*. I did, *io feci*. I have done, *ho fatto*.
to draw, *tirare*. I drew, *io tirai*. I have drawn, *ho tirato*.
to drink, *bere*. I drank, *io bevei*. I have drunk, *ha bevuto*.
to drive, *scacciare*. I drove, *io scacciai*. I have driven, *ho scacciato*.
to dare, *ardire*. I durst, *io ardii*. I have dared, *ho ardito*.
to deal, *dividere*. I dealt, *io divisi*. I have dealt, *ho diviso*.
to dwel, *abitare*. I dwelt, *io abitai*. I have dwelt, *ho abitato*.
to dip, *immergere*. I dipt, *io immersi*. I have dipt, *ho immerso*.
to eat, *mangiare*. I eat, *o* ate, *io mangiai*. I have eaten, *ho mangiato*.
to feed, *pascere*. I fed, *io pascei*. I have fed, *ho pasciuto*.
to fling, *gittare*. I flung, *io gittai*. I have flung, *ho gittato*.

To

PER GL' ITALIANI.   75

To fly, *volare*. I flew, *io volai*. I have flown, *ho volato*.
to forget, *dimenticare*. I forgot, *io dimenticai*. I have forgotten, *ho dimenticato*.
to fetch, *andare*. I fetcht, *io andai*. I have fetcht, *a cercare*.   *a cercare*.   *io son andato a cercare*.
to feel, *sentire*. I felt, *io sentii*. I have felt, *ho sentito*.
to flee, *fuggire*. I fled, *io fuggii*. I have flown, *sono fuggito*.
to fall, *cascare*. I feil, *io cascai*. I have fallen, *sono cascato*.
to fight, *combattere*. I fought, *io combattei*. I have fought, *ho combattuto*.
to find, *trovare*. I found, *io trovai*. I have found, *ho trovato*.
to fix, *appiccare*. I fixt, *io appiccai*. I have fixt, *ho appiccato*.
to go, *andare*. I went, *io andai*. I am gone, *sono andato*.
to get, *guadagnare*. I got, *io guadagnai*. I have gotten, *ho guadagnato*.
to grind, *macinare*. I ground, *io macinai*. I have ground, *ho macinato*.
to give, *dare*. I gave, *io diedi*. I have given, *ho dato*.
to gird, *cignere*. I girded, *io cinsi*. I have girt, *ho cinto*.
to grow, *crescere*. I grew, *io crebbi*. I am grown, *sono cresciuto*.
to geld, *castrare*. I gelt, *io castrai*. I have gelt, *ho castrato*.
to gild, *indorare*. I gilt, *io indorai*. I have gilt, *ho indorato*.

To

To hang, *impiccare*. I hung, *io impiccai*. I have hung, *ho impiccato*.
to hide, *nascondere*. I hide, *io nascosi*. I have hidden, *ho nascosto*.
to help, *ajutare*. I helped, *io ajutai*. I have helped, *o* hept, *ho ajutato*.
to have, *avere*. I had, *io ebbi*. I have had, *ho avuto*.
to hit, *battere*. I hit, *io battei*. I have hit, *ho battuto*.
tol hold, *tenere*. I held, *io tenni*. I have held, *ho tenuto*.
to keep, *mantenere*. I kept, *io mantenni*. I have kept, *ho mantenuto*.
to know, *conoscere*. I knew, *io conobbi*. I have known, *ho conosciuto*.
to hifs, *baciare*. I kissed, *io baciai*. I have kissed, *ho baciato*.
to leave, *lasciare*. I left, *io lasciai*. I have left, *ho lasciato*.
to laugh, *ridere*. I laughed, *io risi*. I have laughed, *ho riso*.
to lose, *perdere*. I lost, *io perdei*. I have lost, *ho perduto*.
to learn, *imparare*. I learnt, *io imparai*. I have learned, *ho imparato*.
to lead, *condurre*. I led, *io condussi*. I have led, *ho condotto*.
to lie, *giacere*. I lay, *io giacqui*. I have lain, *ho giaciuto*.
to lend, *imprestare*. I lent, *io imprestai*. I have lent, *ho imprestato*.
to make, *fare*. I made, *io feci*. I have made, *ho fatto*.

To meet, *incontrare*. I met, *io incontrai*. I have met, *ho incontrato*.
to mix, *mescolare*. I mixed, *io mescolai*. I have mixed, o mixt, *ho mescolato*.
to mow, *mietere*. I mowed, *io mietei*. I have moved, o mowen, *ho mietuto*.
to owe, *dovere*. I ought, *io dovei*. I have owed, *ho dovuto*.
to put, *mettere*. I put, *io misi*. I have put, *ho messo*.
to pitch, *impeciare*. I pitched, *io impeciai*. I have pitched, *ho impeciato*.
to quake, *tremare*. I quaked, *io tremai*. I have quaked, *ho tremato*.
to read, *leggere*. I read, *io lessi*. I have read, *ho letto*.
to ring, *suonare*. I rung, *io suonsi*. I have rung, *ho suonato*.
to run, *correre*. I ran, *io corsi*. I have run, *ho corso*.
to rise, *levarsi*. I rose, *io mi levai*. I am risen, *mi son levato*.
to rend, *stracciare*. I rent, *io stracciai*. I have rent, *ho stracciato*.
to ride, *cavalcare*. I rode, *io cavalcai*. I have ridden, *ho cavalcato*.
to stink, *puzzare*. I stunk, *io puzzai*. I have stunk, *ho puzzato*.
to speak, *parlare*. I spoke, *io parlai*. I have spoken, *ho parlato*.
to sell, *vendere*. I sold, *io vendei*. I have sold, *ho venduto*.
to sleep, *dormire*. I slept, *io dormii*. I have slept, *ho dormito*.

To fing, cantare. I fang, io cantai. I have fung, ho cantato.
to fend, mandare. I fent, io mandai. I have fent, ho mandato.
to ftand, ftare. I ftood, io ftetti. I have ftood, fono ftato.
to fpread, fpandere. I fpread, io fparfi. I have fpread, ho fparfo.
to ftrick, percuotere. I ftruck, io percoffi. I have ftruck, ho percoffo.
to fnatch, ftrappare. I fnatcht, io ftrappai. I have fnatched, ho ftrappato.
to fmell, odorare. I fmelt, io odorai. I have fmelt, ho odorato.
to fhoot, tirare. I fhot, io tirai. I have fhot, ho tirato.
to fow, cucire. I fowed, io cucii. I have fown, ho cucito.
to fpend, fpendere. I fpent, io fpefi. I have fpent, o fpefo.
to fpring, faltare. I fprang, io faltai. I have fprung, ho faltato.
to fting, mordere. I ftung, io mordei. I have ftung, ho morduto.
to ftring, legare con fune. I ftrung, io legai. I have ftrung, ho legato.
to fwear, giurare. I fwore, io giurai. I have fworn, ho giurato.
to fpill, verfare. I fpilt, io verfai. I have fpilt. ho verfato.
to fweat, fudare. I fweat, io fudai. I have fweat, ho fudato.
to fmite, percuotere. I fmore, io percoffi. I have fmitten, ho percoffo.

To

PER GL' ITALIANI.   79

To see, *vedere*. I saw, *io vidi*. I have seen, *ho visto, ho veduto*.

to seek, *cercare*. I sought, *io cercai*. I have sought, *ho cercato*.

to sit, *sedere*. I sat, *io sedei*. I have sot, *sono assiso*.

to shoo, *serrare*. I shod, *io serrai*. I have shooed, *ho serrato*.

to shed, *versare*. I shed, *io versai*. I have shed, *ho versato*.

to shake, *tremare*. I shook, *io tremai*. I have shaken, *ho tremato*.

to spit, *sputare*. I did spit, *io sputai*. I have spitten, *ho sputato*.

to steal, *rubbare*. I stole, *io rubbai*. I have stollen, *ho rubbato*.

to swim, *nuotare*. I swam, *io nuotai*. I have swom, *ho nuotato*.

to slide, *sdrucciolare*. I slid, *io sdrucciolai*. I have slid, o slidden, *ho sdrucciolato*.

to shine, *risplendere*. I shone, *io risplendei*. I have shone, *ho risplenduto*.

to slay, *ammazzare*. I slew, *io ammazzai*. I have slain, *ho ammazzato*.

to seeth, *bollire*. I sod, *io bollii*. I have sodden, *ho bollito*.

to spin, *filare*. I span, *io filai*. I have spun, *ho filato*.

to say, *dire*. I said, *io dissi*. I have said, *ho detto*.

to speed, *riuscire*. I sped, *io riuscii*. I have sped, *ho riuscito*.

to sweep, *spazzare*. I swept, *io spazzai*. I have swept, *ho spazzato*.

To

To shrink, *scorciare*. I shrunk, *io scorciai*. I have shrunk, *ho scorciato*.
to split, *fendere*. I splitted, *io fendei*. I have split, *ho fesso*.
to stick, *attaccarsi*. I stuck, *io m'attaccai*. I have stuck, *mi sono attaccato*.
to strip, *spogliare*. I strip, *spogliai*. I have stript, o stripped, *ho spogliato*.
to strive, *procurare*. I strove, *io procurai*. I have striven, *ho procurato*.
to slip, *scappare*. I slipt, *io scappai*. I have slipt o slipped, *ho scappato*.
to sink, *affondare*. I sunk, *io affondai*. I have sunk, *ho affondato*.
to take, *prendere*. I took, *io presi*. I have taken, *ho preso*.
to think, *pensare*. I thaught, *io pensai*. I have thought, *ho pensato*.
to tear, *stracciare*. I tore, *io stracciai*. I have torn, *ho stracciato*.
to throw, *gittare*. I threw, *io gittai*. I have trown, *ho gittato*.
to thrive, *prosperare*. I throve, *io prosperai*. I have thriven, *ho prosperato*.
to tell, *dire*. I told, *io dissi*. I have told, *ho detto*.
to teach, *insegnare*. I taught, *io insegnai*. I have taught, *ho insegnato*.
to tread, *calpestare*. I trod, *io calpestai*. I have trodden, *ho calpestato*.
to understand, *intendere*. I understood, *io intesi*. I have understood, *ho inteso*.
to write, *scrivere*. I wrote, *io scrissi*. I have written, *ho scritto*.

To weep, *piangere*. I wept, *io piansi*. I have wept, *ho pianto*.
to wring, *torcere*. I wrung, *io torsi*. I have wrung, *ho torto*.
to wear, *portare*. I wore, *io portai*. I have worn, *ho portato*.
to weave, *tessere*. I wove, *io tessei*. I have woven, *ho tessuto*.
to whipe, *frustrare*. I whiped, *io frustrai*. I have whiped, *ho frustrato*.
to win, *guadagnare*. I won, *io guadagnai*. I have won, *ho guadagnato*,
to wind, *girare*. I wound, *io girai*. I have wound, *ho girato*.

Verbi Irregolari di un'altra sorte:

I verbi che hanno due ee avanti un d finale, non ne hanno, che uno al Preterito, o Participio.

to bleed, *segnare*. I bled, *io segnai*, bled, *segnato*.
to feed, *pascere*. I fed, *io pascei*; fed, *pasciuto*.

Quei, che terminano in eep, hanno il loro participio in ept.

To keep, *mantenere*.	kept, *mantenuto*.
To creep, *rampicare*.	crept, *rampicato*.
To weep, *piangere*.	wept, *pianto*.
To sleep, *dormire*.	slept, *dormito*.
To sweep, *spazzare*.	swept, *spazzato*.

Quei, che terminano in end, hanno il loro participio in ent. ex.

To bend, *piegare*.	bent, *piegato*.
To lend, *imprestare*.	lent, *imprestato*.
To send, *mandare*.	sent, *mandato*.
To spend, *spendere*.	spent, *spese*.

Quei, che terminano in ind, hanno il loro Participio in ound. ex.

To bind, *legare*. bound, *legato*.
To find, *trovare*. found, *trovato*.
To grind, *macinare*. ground, *macinato*.
To wind, *girare*. wound, *girato*.

Quei, che terminano in ing, hanno il loro Participio in ung. ex.

To sting, *mordere*. stung, *morduto*.
To wring, *torcere*. wrung, *torto*.
To ring, *sonare*. rung, *sonato*.
To sing, *cantare*. sung, *cantato*.
To sling, *lanciare*. slung, *lanciato*.
To fling, *gittare*. flung, *gittato*.
To spring, *nascere*. sprung, *nato*.

Quei, che terminano in ear, hanno il loro Participio in orn. ex.

To wear, *portare*. worn, *portato*.
To swear, *giurare*. sworn, *giurato*.
To bear, *portare*. born, *portato*.
To tear, *stracciare*. torn, *strascinato*.

Quei, che terminano in aw, o ow, hanno il loro Preterito in ew, ed il Participio in awn, o own. ex.

To draw, *tirare*. drew, *tirai*. drawn, *tirato*.
To blow, *soffiare*. blew, *soffiai*. blown, *soffiato*.
To crow, *cantare*. crew, *cantai*. crown, o croved, *cantato*.
To know, *conoscere*. knew, *conobbi*. known, *conosciuto*.
To throw, *gittare*. threw, *gittai*. throw, *gittato*.

Lista de' verbi più Irregolari.

To abide, *dimorare*. I abode, *io dimorai, e dimorato*.

To

To bereave, *privare*. I bereaved, *io privai*. bereft, *privato*.
to beseech, *supplicare*. besought, *supplicai*, e *supplicato*.
to bring, *portare*. brought, *portai*, e *portato*.
to buy, *comprare*. bought, *comprai*, e *comprato*.
to break, *rompere*. I broke, *io ruppi*. broken, *rotto*.
to beat, *battere*. I did beat, *battei*. beaten, *battuto*.
to beget, *generare*. I begot, *io generai*. begotten, *generato*.
to bid, *comandare*. I bad, *io comandai*. bidden, *comandato*.
to bite, *mordere*. I did bite, *io morsi*. bitten, *morso*.
to catch, *prendere*. caught, *presi*, *preso*.
to cleave, *fendere*. clove, *fendei*. cloven, e cleft, *fesso*.
to chide, *sgridare*. I chid, *io sgridai*. chidden, *sgridato*.
to come, *venire*. I came, *io venni*. come, *venuto*.
to choose, *scegliere*. I did choose, *scelsi*. chosen, *scelto*.
to dare, *ardire*. durst, *ardii*. dared, *ardito*.
to drive, *scacciare*. drove, *scacciai*. driven, *scacciato*.
to drink, *bere*. drank, *bevei*. drunk, *bevuto*.
to do, *fare*. did, *feci*. done, *fatto*.
to eat, *mangiare*. did eat, *mangiai*. eaten, *mangiato*.
to fall, *cascare*. fell, *cascai*. fallen, *cascato*.
to fly, *fuggire*. fled, *fuggii*, *fuggito*.
to feel, *sentire*. felt, *sentii*, e *sentito*.
to forget, *dimenticare*. forgot, *dimenticai*. forgotten, *dimenticato*.

To fly, *volare*. flew, *volai*, flown, *volato*.
to gird, *cignere*. girded, *cinsi*. girt, *cinto*.
to get, *guadagnare*. got, *guadagnai*. got, o gotten, *guadagnato*.
to give, *dare*. gave, *diedi*. given, *dato*.
to go, *andare*. went, *andai*. gone, *andato*.
to hang, *impiccare*. hung, *impiccai*. hanged, *impiccato*.
to help, *ajutare*. helped, *ajutai*, e *ajutato*.
to hide, *nascondere*. hid, *nascosi*. hidden, *nascosto*.
to kifs, *baciare*. kissed, *baciai*, e *baciato*.
to lead, *menare*. led, *menai*, e *menato*.
to leave, *lasciare*. left, *lasciai*, e *lasciato*.
to lofe, *perdere*. lost, *perdei*, e *perduto*.
to loofe, *sciogliere*. loosed, *sciolsi*, e *sciolto*.
to lay, *coricare*. lay'd, e laid, *coricai*, e *coricato*.
to make, *fare*. made, *feci*, e *fatto*.
to meet, *incontrare*. met, *incontrai*, e *incontrato*.
to mean, *voler dire*. meant, *intesi*, e *inteso*.
to miss, *mancare*. mist, o missed, *mancai*, e *mancato*.
to mow, *mietere*. mowed, *mietei*. mown, *mietuto*.
to pitch, *impeciare*. pitcht, o pitched, *impeciai*, e *impeciato*.
to read, *leggere*. read, *lessi*, e *letto*.
to ride, *cavalcare*. rid, o rode, *cavalcai*. ridden, *cavalcato*.
to rise, *levarsi*. rose, *mi levai*. risen, *levato*.
to run, *correre*. ran, *corsi*. run, *corso*.
to see, *vedere*. saw, *vidi*. seen *veduto*.
to smite, *battere*. smote, *battei*. smitten, *battuto*.
to spread, *spandere*. spread, *sparsi*, e *sparso*.

To

PER GL'ITALIANI. 85

To spill, *versare*. spilt, o spilled, *versai*, e *versato*.
to smell, *sentire*. smelt, *sentii*, e *sentito*.
to sell, *vendere*. sold, *vendei*, e *venduto*.
to seek, *cercare*. sought, *cercai*, e *cercato*.
to stand, *stare in piedi*. stood, *stetti*, e *sono stato in piedi*.
to sit, *sedere*. sat, *sedei*, e *seduto*.
to shoo, *serrare*. shod, *serrai*, e *serrato*.
to show, *mostrare*. shewed, *mostrai*. shown, *mostrato*.
to shake, *tremare*. shook, *tremai*. shaken, *tremato*.
to slay, *ammazzare*. slew, *ammazzai*. slain, *ammazzato*.
to seeth, *bollire*. sod, *bollii*. sodden, *bollito*.
to shed, *versare*. shed, *versai*, e *versato*.
to speak, *parlare*. spake, o spoke, *parlai*. spoken, *parlato*.
to steal, *rubbare*. stole, *rubbai*. stollen, *rubbato*.
to shine, *rilucere*. shone, *rilucei*. shined, *rilucente*.
to strike, *battere*. struck, *battei*, e *battuto*.
to spit, *sputare*. spat, *sputai*, spitten, *sputato*.
to stink, *puzzare*. stank, *puzzai*. stunk, *puzzato*.
to spin, *filare*. span, *filai*. spun, *filato*.
to swim, *nuotare*. swan, *nuotai*. swum, *nuotato*.
to slide, *sdrucciolare*. slid, *sdrucciolai*. slidden, *sdrucciolato*.
to tell, *dire*. told, *dissi*, e *detto*.
to take, *prendere*. took, *presi*. taken, *preso*.
to teach, *insegnare*. taught, *insegnai*, e *insegnato*.
to think, *pensare*. thought, *pensai*, e *pensato*.
to tread, *calpestare*. trod, *calpestai*. trodden, *calpestato*.

To work, *lavorare*. worked, *lavorai*. wrought, *lavorato*.
to write, *scrivere*. wrote, *scrissi*. Written, *scritto*.

La maniera di servirsi d' un verbo in ogni sentenza, Affermativa, Negativa, ed Interrogativa:

I do see, *Io vedo*.
I do no see, *Io non vedo*.
Do I see? *Vedo io?*
Do I nor see? *Non ved' io?*
He doth see, *Egli vede*.
He dot not see, *Egli non vede*.
Doth he see? *Vede egli?*
Doth he not see? *Non ved' egli?*
We do see, *Noi vediamo*.
We do not see, *Noi non vediamo*.
Do we see? *Vediamo noi?*
Do we not see? *Non vediamo noi?*
You do see. *Voi vedete*.
You do not see, *Voi non vedete*.
Do you see? *Vedete voi?*
Do you not see? *Non vedete voi?*
They did see, *Eglino vedevano*.
They did not see, *Eglino non vedevano*.
Did they see? *Vedevano eglino?*
Did they not see? *Non vedevano eglino.*
I have seen, *Io ho veduto*.
I have not seen, *Io non ho veduto*.
Have I seen? *Ho veduto io?*
Have I noot seen?   *Non ho veduto io?*
You have done,   *Voi avete finito.*
You have not done,   *Voi non avete finito.*
Have you done?   *Avete voi finito?*
Have you not done?   *Non avete voi finito?*
We shall go.   *Noi anderemo.*

We

We shall not go.	Noi non anderemo.
Shall we go?	Anderemo noi?
Shal we not go?	Non anderemo noi?

Ci serviamo in Inglese de' tempi del verbo to be, essere, e del participio attivo di un altro verbo, per esprimere i tempi d'essi verbi. ex.

I am going.	io vo, o me ne vo.
He is going,	egli va, o se ne va.
We are speaking.	noi parliamo.
They are Writing.	eglino scrivono, o stanno scrivendo.
She is dancing.	Ella balla, o sta ballando.
Whither Were you going Yesterday when I met you?	Ove andavate jeri, quando v' incontrai?
What was he doing?	che faceva egli?
He was writing.	scriveva, o stava scrivendo.
He was reading.	leggeva, o stava leggendo.

De' verbi Impersonali di voce Attiva.

It rains.	piove.
I doth not rain.	non piove.
Doth it rain?	piove?
Doth it not rain?	non piove?
It did rain.	pioveva.
It did not rain.	non pioveva.
Did it rain?	pioveva?
Did it not rain?	non pioveva?
It hath rained.	ha piovuto.
It hath not rained.	non ha piovuto.
Hath it rained?	ha piovuto?
Hath it not rained?	non ha piovuto?
It will rain.	pioverà.
It will not rain.	non pioverà.
Will it rain?	pioverà?

GRAMMATICA INGLESE

Will it not rain?	non pioverà.
Let it rain.	che piovevo.
It blows, o	}
It doth blow.	fa vento.
It freezes.	gela.
It thaws.	digela.
It snows.	nevica.
It hails.	grandina.
It thunders.	tuona.
It lightens.	lampeggia.
It is hot.	fa caldo.
It is cold.	fa freddo.
It is not hot.	non fa caldo.
It is not cold.	non fa freddo.
It is fair Weather.	fa bel tempo.
It is bad Weather.	fa cattivo tempo.
It grieves me.	mi dispiace.

La Congiugazione del verbo Impersonale there is,
v' è affirmativamente.

There is.	v' è, vi sono.
There was.	v' era, v' erano, vi fu, vi furono.
There has been.	v' è stato, vi sono stati,
There had been.	v' era stato, v' erano stati.
There will be.	vi sarà, vi saranno.

Interrogativamente.

Is there?	v' è, vi sono?
Was there?	v' era? vi erano?
Hath there been?	v' è stato? vi sono stati?
Will there be?	vi sarà? vi saranno?

Questo verbo must, bisogna, ch' è impersonale in Italiano, è personale in Inglese; ma è difettivo, perchè non si usa, che nel presente dell' Indicativo.

I must go.	bisogna ch' io vada.
Thou must go.	bisogna, che tu vada.

He

He muſt go.	biſogna, ch' egli vada.
We muſt go.	biſogna, che noi andiamo.
Ye muſt go.	biſogna, che voi andiate.
They muſt go.	biſogna, ch' eglino vadano.
You muſt do this.	biſogna, che voi facciate queſto.
He muſt learn.	biſogna, ch' egli impari.
We muſt not wonder.	non biſogna maravigliarci.

L' Imperfetto di queſto verbo s' eſprime con queſta particola should.

You should have done that.	voi dovevate far ciò.
You should have let me know it.	dovevate avvertirmelo, e farmelo ſapere.

Del verbo Imperſonale di voce Paſſiva.

Il verbo Imperſonale di voce paſſiva s' eſprime generalmente in Italiano con la particola ſi; ed in Ingleſe s' eſprime diverſamente: qualche volta con la particola they. ex.

They ſay.	ſi dice.
They ſpeak good Italian in Tuſcany.	ſi parla buon Italiano in Toſcana.
They eat good Meat in England.	ſi mangia della buona carne in Inghilterra.

Qualche volta s' eſprime con queſte parole, Men, People, o one. ex.

Men loſe many Things for want of asking.	molte coſe ſi perdono per non domandarle.
One told me so.	m' è ſtato detto coſì.
People talk of War.	ſi parla di guerra.
People tell a great many lies.	ſi dicono molte menzogne.

Ma

Ma comunemente s' esprime per mezzo del verbo to be, *essere, e d'un partic. pio.* ex.

I am told.	*mi vien detto.*
It is said.	*si dice.*
The best English is spoken in London.	*il migliore Inglese si parla in Londra.*
That is known by every body.	*ognun sa questo.*
I have been commanded.	*m'è stato comandato.*
It will be found out.	*si saprà.*
It shall be done.	*si farà.*
Roses are found among thorns.	*le Rose si trovano fra le spine.*
A Friend is known in necessity.	*nel bisogno si conoscono gli amici.*

Dell'uso de' tempi.

Ci serviamo del tempo presente in Inglese, come facciamo in Italiano. ex.

I am your servant.	*sono vostro servo.*
We are all friends.	*noi siamo tutti amici.*
You are very kind.	*voi siete molto cortese.*
He is very diligent.	*egli è molto diligente.*
He rises betimes.	*egli si leva di buon' ora.*
He plays every day at cards.	*egli giuoca alle carte ogni giorno.*
You dine too late.	*voi desinate troppo tardi.*
Fortune doth change as the Moon.	*la fortuna cangia, come la Luna.*
As thorns are among Roses, so difficulty is found among glorious things.	*come le spine sono fra le rose, così la difficoltà si trova fra le cose gloriose.*

Ci serviamo qualche volta del tempo presente, in luogo del futuro. ex.

What day is to morrow?	*che giorno è domani?*
To morrow is Sunday.	*domani è domenica.*
When do you go?	*quando anderete?*
I go next Week.	*anderò la settimana prossima.*
The King goes to morrow a huntingh.	*il Re anderà alla caccia domani.*
Next Monday is a Holy Day.	*lunedì prossimo è festa.*

Ci serviamo nel tempo presente del verbo I am, *io sono, col participio presente d'un altro verbo, per esprimere il tempo presente del detto verbo.* ex.

I am going to Church.	*io vo alla Chiesa.*
He is going to France.	*egli va in Francia.*
What is he doing?	*che fa?*
He is a writing.	*scrive, o sta scrivendo.*
He is a reading.	*legge, o sta leggendo.*

Ma è d'avvertire, che bisogna, che il verbo sia d'una azione attiva, e che esprima la continuazione dell'azione; perchè non sarebbe ben detto: he is seeing, *egli vede; perchè in questo caso l'azione cessa, subito che si vede qualche cosa.*

Il Preterito Imperfetto, ed il Preterito Perfetto s'esprime con un solo Preterito in Inglese. ex.

Alexander did take, o took great pleasure in drinking.	*Alessandro si dilettava molto di bere.*
The People abstained, o did abstain from eating flesh.	*Il popolo s'asteneva dalla carne.*
The Pagans did worship, o worshipped the false Gods.	*I Pagani adoravano i falsi Dei.*

Un

Un verbo Italiano di moto nell' imperfetto s' esprime in Inglese per l' imperfetto del verbo I am, io sono, col participio presente del detto verbo di moto. ex.

Whither were you going Yesterday when I met you?	dove andavate jeri, quando v' incontrai?
Wath was he doing?	che faceva?
He was writing.	scrivea, o stava scrivendo.
When you were dancing he was sleeping no the Ground.	quando voi eravate a ballare, egli dormiva per terra.

Del Preterito Indefinito.

Il Preterito indefinito non ha veruna difficoltà, e ce ne serviamo, quasi come in Italiano. ex.

I have ben there several times.	vi sono stato molte volte.
He has carried your Letter to the Post-house.	egli ha portato la vostra lettera alla Posta.
We have drunk together a great many times.	abbiamo bevuto insieme spesse volte.
They have done what they ought never to have done.	hanno fatto quello, che non dovevano mai fare.
I have seen the King at dinner.	ho visto il Re a pranso.

E' da notare, che se il tempo è determinato, allora bisogna servirsi del definito. ex.

I was there last Week.	vi fui la settimana passata
He carried your Letter to the Post-house last night.	egli portò la vostra lettera alla Posta jersera.
I saw the King at dinner Yesterday.	vidi jeri il Re a pranso.

Il più che perfetto non	ha veruna difficoltà.
I gave him all the Money i had about me.	gli diedi tutti i danari, che avevo adosso.
We had dined when you came.	avevamo pranfato, quando voi veniste.
They had done before we came.	avevamo finito, prima che venissimo.
As soon as we had dined, we went a walking.	pranfato che avemmo, andammo a passeggiare.
Ci serviamo del futuro,	come in Italiano. ex.
I shall be glad to see you.	averò a caro di vedervi.
We shall see what he will do.	vederemo quel, che farà.
He will be obliged to you.	vi farà obbligato.
I shall love him as long a i live.	l' amerò, tanto che viverò.
We will tell you all that happened.	vi diremo tutto il successo.

E' molto facile di servirsi dell' Imperativo, e di tutti gli altri tempi dell' Ottativo; e però non è necessario di farne menzione: la sola lettura de' verbi basterà per sapere in che maniera servirsene.

Bisogna però osservare una cosa, che dopo il presente ed Imperfetto del verbo io voglio, gl' Inglesi non si servono dell' Infinito col verbo Have, avere; come si può vedere dagli esempj seguenti:

I will have you to know.	voglio, che sappiate.
My Father will have me go to France.	mio padre vuole, che io vada in Francia.
I would not have him hazard himself.	non vorrei, che si mettesse in pericolo.
She would have me promise her.	voleva, che io le promettessi.
They will have no body see what they do.	non vogliono, che nissuno veda quel, che fanno.

Dell' Infinito.

Ci serviamo dell' Infinito d' un verbo, dopo un altro verbo, quando i due verbi appartengono alla medesima persona.

I defire to learn Mufick.	ho defiderio d' imparare la mufica.
Will you learn to write?	volete imparare a scrivere?
I will teach you to play upon the Liute.	v' infegnerò a fuonare del liuto.
I am forced to leave you	fono sforzato a lafciarvi.
Give me fomething to eat.	datemi qualche cofa da mangiare.

Gl' Italiani fi fervono di tre prepofizioni differenti avanti un infinito, cioè a, di, per; ma gl' Inglefi non ne hanno, che una, che ha la medefima fignificazione, che hanno le tre Italiane, cioè to, a.

I have fomething to do.	ho qualche cofa a fare.
I have Letters to write.	ho lettere a fcrivere.
Have you any thing to give me?	avete niente a darmi?
He has no reafon to ufe me fo?	non ha ragione di trattarmi cosè.
He begins to fpeak good Italian.	comincia a parlar bene Italiano.
I pray you to do me a favour.	vi prego di farmi un favore.
I am going to Italy to learn Italian.	vo in Italia per imparare l' Italiano.
All Creatures were created to ferve Man.	tutte le creature fono ftate create per fervizio dell' uomo.
Men muft work to get money.	bifogna lavorare per guadagnar danari.

Qual-

Qualche volta la particola a deve esprimersi in Inglese per la particola in, ed allora ci serviamo del Participio presente in luogo dell' infinito. ex.

He spends his Time in Gaming and Drinking.	egli spende il suo tempo a giuocare, ed a bere.
My only Delight is in Reading.	l' unico mio piacere è a leggere.
He applies himeself in managing his Affairs.	egli s' applica a regolare i suoi affari.

Queste particole of di, from da, for per, without senza, non governano l' infinito, come in Italiano, ma il participio presente. ex.

I come from fishing.	vengo da pescare.
I em tired of reading.	sono lasso di leggere.
He was hang'd for robbing on the High way.	è stato impiccato per aver rubbato alla strada.
Can you not speak without laughing?	non potete parlare senza ridere.

De' Participj.

I Participj sono quelli, che partecipano della natura de' Nomi e de' Verbi.

Ve ne sono di due sorte, Attivi, e Passivi.

Gli Attivi in Italiano terminano in ando, per li verbi della prima congiugazione, ed in endo per quelli della seconda, e della terza; ed in Inglese terminano in ing; come: amando *loving*, credendo *believing*, dormendo *sleeping*.

I Passivi hanno diverse nominazioni nell' una e nell' altra lingua; come: amato loved, creduto believed, bevuto drank, dormito slept.

Degli Avverbj.

Gli Avverbi servono a specificare la significazione del Verbo. Ve ne sono di molte sorte, perchè esprimono le diverse circostanze delle azioni significate dal verbo. Vi darò qui i più necessarj ad imparare a mente.

Adverbj di tempo.

To day.	oggi.
To morrow.	domani.
Now.	adesso.
Already.	già, di già.
Betimes.	di buon' ora.
Early.	di buon' ora.
Lately.	ultimamente, di fresco.
Yesterday.	jeri.
Formerly.	anticamente, altre volte.
Before.	avanti, prima, innanzi.
After.	aporesso, dopo.
Hereafter.	all' avvenire.
Shortly.	in breve, frappoco.
Every day.	ogni giorno.
Daily.	giornalmente.
Continually.	continuamente.
Eternally.	eternamente.
Never.	mai.
Always.	sempre.
Day and night.	giorno, e notte.
By day.	di giorno.
By night.	di notte.
Then.	allora.
Whilst.	mentre.
Late.	tardi.

Avverbj di luogo.

Here.	quì, qua.
There.	lì là.
This Way.	per qua, per quì.
That Way.	per là, per li.
Hitherto.	fin quì, fin qua.
Below.	giù.
Above.	su.
Near.	vicino.

Far,

Far.	lontano.
Aside.	da parte.
Before.	avanti, innanzi.
Behind.	dietro.
In, within.	entro, dentro.
Out.	fuori.
Without.	fuori.
Upon.	sopra.
Under.	sotto.
About.	in circa, all' intorno.
Amongst.	fra, tra.
Between.	fra.
Beyond.	oltre.
Some where.	in qualche luogo.
Else where.	in qualche altro luogo.
No where.	in niſſun luogo.
Every where.	da per tutto.

Avverbj d'Interrogazione.

Where?	dove?
From whence?	donde?
Which way?	per dove?
How far?	fin dove?
How much?	quanto?
How many?	quanti?
How long?	di che lunghezza?
When?	quando?
Why?	perchè?
What?	che?
How?	come?
Only.	solamente.
As much.	altrettanto.
Almost.	quasi.
But little.	non molto.

Avverbj di Numero, e di Quantità.

Once.	una volta.
Twice.	due volte.
Thrice.	tre volte.
Sometimes.	qualche volta.
Often.	spesso.
Little.	poco.
Much.	molto.
Many.	molti.
Enough.	abbastanza.
More.	più.
At most.	al più.
At least.	almeno.
Wholly.	intieramente.
Entirely.	affatto.
Sufficiently.	abbastanza.
All.	tutto.
None.	nissuno.
Nothing.	niente.
Too much.	troppo.

Avverbj di Qualità.

Wisely.	saviamente.
Prudently.	prudentemente.
Happily.	felicemente.
Boldly.	arditamente.
Reasonably.	ragionevolmente.
Coldly.	freddamente.
Hotly.	caldamente.
Softly.	dolcemente.
Insolently.	insolentemente.
Imprudently.	imprudentemente.
Readily.	prontamente.
Quickly.	presto.
At Ease.	agiatamente.
Openly.	apertamente.

Kneeling.	in ginochione.
Standing.	in piedi.
Backawards.	indietro.
Heartily.	cordialmente.
Secretly.	secretamente.
In earnest.	da vero.
On purpose.	apposta.
Rashly.	temerariamente.
Heedlesly.	inconsideratamente.
Careresly.	negligentemente.
On a sudden.	in un subito.
In haste.	in fretta.
Under hand.	sotto mano.
Un-a-wares.	improvvisamente.
In jest.	in burla.
In pudding time.	a tempo.

Avverbj d'Affermazione.

Yes.	sì.
So it is.	così è.
Assuredly.	sicuramente, per certo.
Undoubtedly.	indubitatamente.
Infallibly.	infallibilmente.
Truly.	veramente.
In Truth.	in vero, in verità.

Avverbj di Negazione.

No.	no, non.
Not.	non.
Not at all.	niente affatto.
By-no means.	in conto alcuno.
Nor.	nè.
Neither.	nè.

Avverbj d'Ordine.

First.	*primieramente.*
Secondly.	*secondariamente.*
Thirdly.	*in terzo luogo.*
Next.	*dopo.*
At first.	*alla prima.*

Delle Congiunzioni.

Le congiunzioni *sono parole, che servono ad unire le parole, e le frasi insieme.*

Le une si chiamano Copulative.

And.	*e, o ed.*
Also.	*anche.*

Le altre si chiamano Disgiuntive.

Or.	*o.*
Either.	*o.*
Nor.	*nè.*
Neither.	*nè.*

Le altre si chiamano Condizionali.

If.	*se.*
On condition.	*con patto.*
Provided.	*purchè.*
Unless.	*a meno.*

Le altre si chiamano Causali.

For.	*perchè.*
Because.	*perchè.*
Since.	*poichè.*
To the end that.	*affinchè.*
Therefore.	*dunque.*

Le altre si chiamano Avversative.

But.	*ma.*
Though, althoug.	*benchè.*
However.	*pure.*
Notwitstanding.	*non ostante.*
Neverthelefes.	*nulladimeno.*
Yet.	*pure, però.*

Delle Propofizioni.

Le Propofizioni fono parole, che fi mettono avanti le altre parti d'orazione, come nomi, e Pronomi.

Near, nigh.	*vicino.*
About.	*all' intorno.*
Before.	*avanti.*
Behind.	*dietro.*
Toward.	*verfo.*
For.	*per.*
At.	*a.*

Delle Interjezioni.

Le interjezioni fono parole, che fervono ad efprimere la veemenza di qualche paffione.

Di Dolore.

Ah!	*ah! ahi!*
Alas!	*oimè!*
O Good!	*o Dio!*

D' Allegrezza.

Ah! ah! ah!	*ah! ah! ah!*
Come come.	*su su.*
Let us be merry.	*allegramente.*

D' Avverfione.

Fie, fie.	*oibò.*
Foh!	*eh! via.*

Di Coraggio.

Cheer.	*animo.*
Wel well.	*ben bene.*
Have good heart.	*ftate di buon cuore.*

D' Ammirazione.

Oh! oh!	*oh! oh!*
Oh wonderful!	*oh maraviglia!*

Familiar Phrases.	Frasi Familiari.
To ask something.	Per domandare qualche cosa.
I pray you give me.	Datemi vi prego.
Bring me.	Portatemi.
Lend me.	Imprestatemi.
I thank you.	Vi ringrazio.
I give you thanks.	Vi rendo grazie.
Go and seek.	Andate a cercare.
Presently.	Adesso adesso.
Dear Sir, do me this Kindness.	Mio caro Signore, fatemi questo piacere.
Do me this favour, or this Kindness.	Fatemi questo favore, e questa grazia.
Dear Madam, grant me this favour.	Mia cara Signora, fatemi questo favore.
I beseech you.	Ve ne supplico.
I intreat or conjure you to it.	Ve ne scongiuro.
I beg it as a favour.	Ve lo domando in grazia.
Expressions of Kindness.	Espressioni di tenerezza.
My Life.	Vita mia.
My Soul.	Anima mia.
My Dear.	Mia cara.
My Love.	Amor mio.
My Darling.	Ben mio, Tesoro mio.
My Heart.	Cuor mio.
To thank and Compliment.	Per ringraziare, e far Complimenti.
I thank you.	Vi ringrazio.
I give you thanks.	Vi rendo grazie.
I give you a thousand thanks.	Vi rendo mille grazie.
I shall do it with pleasure.	Lo farò con piacere.
With all my heart.	Di tutto cuore.

Heartily.	*Di buon cuore.*
I am obliged to you.	*Vi sono obbligato.*
I am all yours.	*Son tutto vostro.*
I am your Servant.	*Son servo vostro.*
Your most humble Servant.	*Umilissimo servo vostro.*
You are very obliging.	*Voi siete molto cortese.*
You give your self too much trouble.	*Voi vi pigliate troppo fastidio.*
What do you want?	*Che domandate?*
What vill you be pleased to have?	*Che comanda V. S.?*
Without compliments.	*Senza complimento.*
Without ceremonies.	*Senza cerimonie.*
I love you with all my heart.	*V' amo di tutto cuore.*
Rely on me.	*Fate capitale della mia persona.*
Command me.	*Mi comandi.*
Henour me wit your commands.	*Mi onori de' suoi comandi.*
Have you any thing to command me?	*Avete niente a comandarmi?*
Dispose of your Servant.	*Disponga del suo servitore.*
I only wait for your commands.	*Non aspetto, che i suoi comandi.*
You do me too much honour.	*V. S. mi fa troppo onore.*
Let's forbear compliments.	*Lasciamo da banda le cerimonie.*
Present my service to Master N.	*Fate i miei baciamani al S. N.*
I shall not fail.	*Non mancherò.*
Present mi respects to Mistress.	*Mi riverisca la Sig. L.*

To affirm, deny, consent, &c.	Per affermare, negare, consentire, ec.
It is true.	E' vero.
Is it true?	E' vero?
It is too true.	E' troppo vero.
To tell you the truth.	A dir il vero.
Really, it is so.	In fatti è così.
Who doubts it?	Chi ne dubita?
There's no doubt on't.	Non v'è dubbio.
I believe yes.	Credo di sì.
I believe not.	Credo di nò.
I say yes.	Dico di sì.
I say not.	Dico di nò.
I lay it is.	Scommetto di sì.
I lay it is not.	Scommetto di nò.
Yes, faith.	Sì, alla fè.
Upon my conscience.	In coscienza mia.
Upon mi life.	Per vita mia.
Let me die, if i tell a lie.	Possa morir, se mento.
I swear as i am a gentleman.	Vi giuro alla fè di gentiluomo.
As i am an honest man, upon my honour.	Da galantuomo, da uomo d'onore.
Believe me.	Mi creda.
I could lay something.	Scommettere qualche cosa.
Don't you jest?	Non si burla?
Are you in earnest?	Parla da vero?
I speak in earnest.	Parlo da vero.
You guess right.	Voi l'avete indovinato.
You have hit the nail on the head.	Voi vi siete apposto.
This is not impossible.	Questo non è impossibile.
Well, let it be so.	E bene, alla buon' ora.
Softly softly.	Pian piano.
It is not true.	Non è vero.

It is false.	E' falso.
There's no such thing.	Non c'è tal cosa.
It is a lye.	E' una bugia.
It is an untruth.	E' una menzogna.
I said it in jest.	L' ho detto in burla.
Yes indeed.	Sì in verità.
I wil not, or i won't.	Non voglio.
By no means.	In conto alcuno.

To consult, or consider.   Per consultare, o considerare.

What is to he done? what must we do?	Che bisogna fare? Che c'è da fare?
What shall we do?	Che faremo noi?
What do you advise me to do?	Che mi consigliate di fare?
Let us do so.	Facciamo così.
Let us do one thing.	Facciamo una cosa.
It will he better that	Sarà meglio, che ——

I had rather.	Amerei meglio, ——
You had best to ——	Voi fareste meglio di ——
Let me doit.	Lasciate fare a me.
If i was you, ——	S' io fossi voi. ——
Were I in your place.	S' io fossi in luogo vostro.

This the same thing.   E' la medesima cosa.

Of eating, and drinking.   Del mangiare, e del bere.

I have a good stomach.	Ho buon appetito.
I am hungry.	Ho fame.
I am very hungry.	Ho gran fame.

I am

I am almoſt ſtarved.	Mi muojo di fame.
Eat ſomething.	Mangiate qualche coſa.
Wath will jou eat?	Che volete mangiare?
I could eat a mouthful of ſomething.	Mangerei un boccone di qualche coſa.
Give me ſomething to eat.	Datemi qualche coſa a mangiare.
I have eat enough.	Ho mangiato abbaſtanza.
I am ſatisfied.	Sono ſazio.
Will you eat any more?	Volete mangiar più?
I have no more ſtomach.	Non ho più fame.
I am dry.	Ho ſete.
I am very dry.	Ho gran ſete.
I am almoſt coaked with thirſt.	Mi muojo di ſete.
Give me ſome drink.	Datemi da bere.
Drink a glaſs of wine.	Bevete un bicchiere di vino.
I have drunk enough.	Ho bevuto a baſtanza.
I can drink no more.	Non poſſo più bere.
I am no more.	Non ho più ſete.

Of going, coming, flirting, &c.   *Di andare, venire, muoverſi, ec.*

From whence come you?	Donde venite?
Where are you going?	Dove andate?
I come —— I go ——	Vengo —— Vo ——
Come up —— come down ——	Salite —— ſcendete.
Come in —— go gout ——	Entrate —— uſcite ——
Don't ſtir.	Non vi movete.
Stay there.	State lì.
Come near me.	Avvicinatevi a me.

Go

Go your ways.	Andate via.
Come hither.	Venite qua.
Stay a little.	Aspettate un poco.
Stay for me.	Aspettatemi.
Do not go so fast.	Non camminate tanto presto.
You go too fast.	Voi camminate troppo presto.
Don't touch me.	Non mi toccate.
Let me alone.	Lasciatemi stare.
Why?	Perchè?
Because....	Perchè
I am well here.	Sto bene qui.
The door is shut.	La porta è chiusa.
The door is open.	La porta è aperta.
Shut the door.	Chiudete la porta.
Open the door.	Aprite la porta.
Shut the window.	Chiudete la finestra.
Open the window.	Aprite la finestra.
Come this way.	Venite per qua.
Go that way.	Andate per lì.
Come this way.	Passate per qui.
Go that way.	Passate per lì.

Of speaking, sayng, doing, &c. — *Per parlare, dire, fare, ec.*

Speak loud.	Parlate alto.
You speak too low.	Voi parlate troppo basso.
Whom do you speak to?	A che parlate?
Do you speak to me?	Parlate a me?
Do you speak Italian?	Parlate Italiano?
Very little.	Molto poco.
What do you say?	Che dite?

What

What did you say?	Che avete detto?
I say nothing.	Non dico niente.
I said nothing.	Non ho detto niente.
Hold your tongue.	Tacete.
I heard it.	L' ho intefo dire.
I have not heard it.	Non l' ho intefo dire.
I was told so.	Mi è ſtato detto.
They say so.	Si dite cosí.
Who told you so?	Chi ve l' ha detto?
Master N. told me so.	Il Signor N. me l' ha detto.
I don't believe it.	Non lo credo.

Of Age. — Dell' Età.

How old are you?	Quanti anni avete?
I am twenty years old.	Ho venti anni.
How old is your brother?	Quanti anni ha voſtro fratello?
He is not fifteen years old yet.	Non ha ancora quindici anni.
He is two years older than my brother.	Ha due anni di più di mio fratello.
You are osder than i.	Voi ſiete più vecchio di me.
How oldo do you think i am?	Quanti anni credete, che io abbia?
I believe you are about forty years old.	Credo, che abbiate quarant' anni in circa.
I begin to grow old.	Comincio ad entrar negli anni.
A Man cannot be call'd old at forty.	Un uomo non ſi può dir vecchio a quaranta anni.
Let it be as it will, i am well in health, and that's enough.	Sia come ſi voglia, io ſto bene di ſalute, e queſto baſta.

Of the Hour. ## Dell' Ora.

What's a clok?	Che ora è?
What a clok do you think it is?	Che ora credete, che sia?
See what a clok it is.	Vedete, che ora è.
Tell me what a clok it is.	Ditemi, che ora è.
Don't you know what's a clok?	Non sapete, che ora è?
I do not know what a clok it is.	Non so, che ora è.
It is early.	E' di buon' ora.
It is not late.	Non è tardi.
'Tis but twelve a clok or noon.	Non è più di mezzodì.
'Tis almost one.	E' quasi un' ora.
'Tis a quarter past one.	E' un' ora e un quarto.
'Tis galf an hour past one.	E' un' ora e mezza.
'Tis post six.	Sono sei ore sonate.
'Tis almost midnight, or twelve a clok at night.	E' quasi mezza notte.

Of the weather. ## Del tempo.

How is the weather?	Che tempo fa?
Is it fine weather?	Fa bel tempo?
Is it bad weather?	Fa cattivo tempo?
Is it hot?	Fa caldo?
Is it cold?	Fa freddo?
It is fine weather.	Fa bel tempo.
It is bad weather.	Fa cattivo tempo.

It is hot.	Fa caldo.
It is cold.	Fa freddo.
It is very hot, *or* very cold.	Fa molto caldo, o molto freddo.
'Tis clear and serene Weather.	Fa un poco chiaro, e sereno.
'Tis dark Weather.	Fa un tempo oscuro.
'Tis cloudy Weather.	Fa un tempo nuvoloso.
Doth it rain?	Piove?
I do not believe it.	Non lo credo.
It rains.	Piove.
It doth not rain.	Non piove.
It rains as fast as it can pour.	Diluvia.
It begins to rain.	Comincia a piovere.
It will rain all this Day.	Pioverà tutt' oggi.
The rain will soon be over.	La pioggia passerà subito.
It hails.	Grandina.
It thunders.	Tuona.
It lightens.	Lampeggia.
It snows.	Nevica.
It freezes.	Gela.
It thaws.	Digela.
The Wind blows hard.	Fa gran vento.
The Wind is changed.	Il vento è cangiato.
It begins to clear up.	Comincia a schiarire.
There is a' great Fogg, Mist.	Fa una gran nebbia.
The Fogg begins to go off.	La nebbia comincia a dissiparsi.

Of Walking.   Per andare a spasso.

It is very fine Weather.   Fa un bellissimo tempo.

This

This clear and serene Day invites us to walk out.	Questo giorno chiaro e sereno c'invita ad andare a spasso.
Let us walk out.	Andiamo a spasso.
Will you go and take a Walk?	Volete andare a fare una passeggiata?
Will you go along with me?	Volete andare meco?
Very willingly.	Molto volentieri.
Whither shall we go?	Dove anderemo?
Let us go to the Park.	Andiamo al Parco.
Shall we go in a Coach?	Anderemo in Carrozza?
As you please.	Come vi piacerà.
Let us go at Foot.	Andiamo a piedi.
You are in the Right.	Voi avete ragione.
'Tis good for one's Health.	E' buono per la salute.
Come, let us go.	Su, andiamo.
Which Way shall we go?	Per dove anderemo?
Which Way you please.	Per dove volete.
This Way, or that Way.	Per quì, o per lì.
Let us go this Way.	Andiamo per quì.
To the Right, or on the right Hand.	Alla dritta, o alla man dritta.
To the Left, or on the left Hand.	Alla sinistra, o alla man sinistra.
You walk too fast.	Voi camminate troppo presto.
I cannot walk so fast.	Non posso camminar così presto.
Pray go a little softlier.	Di grazia andate un poco più piano.
Let us rest a little.	Riposiamoci un poco.

Are

Are you weary?	Siete lasso?
I am very weary.	Sono molto lasso.
Let us lie down upon this Grass.	Corichiamoci sopra quest' erba.
Let us return home.	Ritorniamocene a casa.
It begins to grow late.	Comincia a farsi tardi.
The Sun sets.	Il Sole tramonta.
Stay a little.	Aspettate un poco.
Come, come, if you are weary, you will rest your self at supper.	Via via, se siete lasso, vi riposerete a cena.

Of going to bed.	*Per andare a letto.*
The night comes on.	Si fa notte.
It grows dark.	Comincia a far bujo.
It is very late.	E' molto tardi.
It is time to go to Bed.	E' tempo d' andare a letto.
I am sleepy.	Sono addormentato.
Get your bed warmed, and go to sleep.	Fate scaldare il vostro letto, e andate a dormire.
Where's the warming-pan?	Dov' è lo scaldaletto?
I will go to bed.	Voglio andare a letto.
Bid the maid to give me clean sheet.	Dite alla serva, che mi dia lenzuola bianche.
Good night.	Buona sera, o buona notte.
I wish you good night.	V' auguro la buona notte.
Have you made my bed?	Avete fatto il mio letto?
The bed is ill made.	Il letto è mal fatto.
Draw the curtains.	Tirate le cortine.
Give me a night-cap.	Datemi una berretta da notte.
Undress me.	Spogliatemi.

Pull off my Shoes and ckings.	Scalzatemi.
Come anon to fetch the candele.	Venite fra poco a cercar la candela.
Awake me to morrow betimes.	Svegliatemi domani a buon' ora.
I must get up to morrow by break of Day.	Bisogna, che mi levi domani al far del giorno.
Give me a Pillow.	Datemi un guanciale.
Have you brught the chamber-pot?	Avete portato l' oriuolo?
'Tis under the bad.	E' sotto il letto.
Shut te door, and go to leep.	Chiudete la porta, e andate a dormire.

To dress one's self.   *Per vestirsi.*

Dres your self.	Vestitevi.
Why do you not dress your self?	Perchè non vi vestite?
Make a fire.	Fate del fuoco.
There is fire, Sir.	C'è del fuoco, Signore.
Bid the maid to bring me a clean shirt.	Dite alla Serva, che mi porti una camiscia bianca.
'Tis no matter, this will serve me till i dress my self.	Non importa, questa mi servirà, fin a tanto che mi vesti.
Give me my breeches.	Datemi i miei calzoni.
Where is my night-gown?	Dov' è la mia veste da camera?
Give me my stockings.	Datemi le mie calzette.
Which stockings, the silk, or the worsted ones.	Quali calzette, quelle di seta, o di stame?
Give me my thread stockins, because 'tis hot.	Datemi le calzette di rese, perchè fa caldo.

My Stockings have oles in them.	Le mie calzette sono rotte.
Stitch them up.	Dateci un punto.
There is your shoes.	Ecco le vostre scarpe.
Give me my slippers.	Datemi le mie pianelle.
Let my shoes be mended.	Fate raccomodare le mie scarpe.
Put on my shoes.	Calzatemi.
Comb my head.	Pettinatemi.
Comb my peruke.	Pettinate le mia parrucca.
Te combs are not clean.	I pettini non sono netti.
Lend me your comb.	Imprestatemi il vostro pettine.
Give me a bason with water.	Datemi un bacile con dell' acqua.
Give me a glass of water to wash my mouth.	Datemi un bicchier d'acqua per lavaemi la bocca.
Where's the towel to wipe my hands?	Dov'è la salvietta, per asciugarmi le mani?
Where's my shirt?	Dov'è la mia camiscia?
Here it is.	Eccola qui.
It is not warm.	Non è calda.
I'll warm it if you please	Se le piace, la scalderò.
'Tis no matter.	Non importa.
Give me a clean handkerchief.	Datemi un fazzoletto bianco.
Give me that which is in my pocket.	Datemi quello, ch'è nella mia saccoccia.
I gave it to the washerwoman, it was foul.	L'ho dato alla lavandaja: era sporco.
Has she brought my linnen?	Ha ella portate le mie biancherie?
Yes Sir, there wants nothing.	Signor sì, non ci manca niente.

Gi-

Give me my cloaths.	Datemi il mio vestito.
What cloaths will you be pleased to wear to day?	Che vestito metterà ella oggi?
Give me the cloth one.	Datemi quel di panno.
Now i am almost ready.	Ora son quasi in ordine.
I only want my gloves, my hat, and my sword.	Non mi manca altro, che i guanti, il cappello, e la spada.
Where's mi cloak.	Dov' è il mio mantello?
Here it is.	Eccolo qui.
Who is there?	Chi è lì?
Wath do you want Sir?	Che comanda V. S.?
Call me a chair.	Chiamatemi una sedia.

Due Osservazioni utilissime sopra la Sintassi, cavate dal dottissimo Libro del Sig. GREENWOOD *Grammatico Inglese.*

OSSERVAZIONE I.

Della Trasposizione delle Parole nelle Sentenze dell' Orazione.

LA Sintassi, e Costruzione delle Parole nelle Sentenze distinguer si può in due spezie: quella, ch'è *naturale*, e *regolare*; 2. o quella, ch'è di *costume*, e *Figurata*. E' da chiamarsi regolare quella Sintassi, che seguita il natural senso ed ordine delle Parole. *Di costume*, o *di Figura* quell' altra, che viene usata nelle forme del parlare proprie di varj Linguaggi, in cui le parole son poste ed accozzate insieme secondo il loro senso metaforico, e altronde preso: quali sono

sono per esempio le frasi seguenti: *To break a Jest*, scoccare, rompere; cioè dire una burla. *To be brought to bed*, essere portata a letto; cioè aver poc'anzi partorito, od esser donna di parto. *To take ones Heels and fly away*, pigliarsi i talloni, e fuggirsene via, cioè partire con celerità. Avviene eziandio, che l'ordine naturale delle parole si muti, o si trasporti: imperciocchè nell'*Inglese*, egualmente che nel *Latino*, le parole d'una Sentenza non sono sempre collocate nel loro ordine naturale, come giacciono, quanto al senso, ma son poste con quella serie, che è per ruscire più dolce all'orecchio; sì, e per tal modo però, che il sentimento non divenga oscuro; conciossiachè la perspicuità o chiarezza è la dote principale del Discorso. Che s'ell'è così, ben possiamo accorgerci di un grande errore, in cui cadono pur troppo alcuni, ai quali piace lo scrivere con frasi, innanzi che sieno periti de' modi comuni di dire. Il lor comporre altro non è finalmente, che un fraseggiare Latino o Inglese affettato e ridicolo. Or non è questo un error moderno; poichè Fabio Quintiliano racconta, esservi stato un certo Maestro, il quale avea per uso di prescrivere ai suoi Scolari, che oscurassero, ed involgessero quanto fosser per dire, intonando loro sovente il motto Greco Σκο-τισον, parla oscuro. Quindi è venuta quella strana foggia di lode, che alle volte si sente dire a qualche Oratore: *Egli non poteva parlar meglio, nè più mirabilmente; poichè non ne ho inteso una parola.*

TRA-

TRASPOSIZIONE.

La *Trasposizione* altro non è, che il collocare le parole in uno o più membri del Discorso fuori del loro sito naturale; cioè mettere innanzi parole o sentenze, che avrebbon dovuto venir dappoi, e viceversa.

Regole, ed Esempli.

Il Sostantivo è posto sovente fuori del suo luogo, massime quando l'avverbio *there*, o il pronome *it* premettonsi al Verbo: v. g. *There was a Man*, cioè, *A man was*, un uom vi fu. *It is the Custom*, cioè, *the Custom is*, L'uso è.

Così addiviene sempre in una sentenza Interrogativa.

Gli Aggettivi altresì, spezialmente se viene un Verbo tra il Sostantivo e l'Aggettivo, traspongonsi: v. g. *Happy is the Man*, per *the Man is happy*, Felice è l'uomo.

La Preposizione è frequentemente trasportata da un luogo all'altro; come: *Whom do you dine with?* per *With whom do you dine?* Con chi desinate voi? *What Place do you come from?* per *From what Place do you come*, da qual luogo venite voi?

Ma senza dilungarmi in ragionare della Trasposizione di ciascuna parte del Discorso, io vi darò un periodo, o due, donde i giovani osservar possano, come non nel Latino solo usasi di trasporre cotesle parole e sentenze; ma che noi Inglesi ancora soggiacciamo a quest'uso, benchè in minor grado. E ciò per governo dei Maestri può

servire, affinchè esortino i loro giovani scolari a ridurre l'Inglese, che viene loro dato per tema, nel suo filo e ordine naturale, prima che si pongano a voltarlo in Latino (1). Ma noteremo primieramente una cosa, ed è, che i migliori e più purgati Scrittori adoprano in minor numero le trasposizioni ne' loro Discorsi, che gli altri; e che son esse da ammettersi più tosto, e concedersi nella Poesia, che nella Prosa; perchè ciò viene a cagionar ne' Versi, generalmente parlando, maggior dolcezza e gusto all'orecchio. Ecco gli Esempj: *Any Thing tho' never so little; which a man speaks of himself, in my opinion, is still too much*. La serie naturale è la seguente: *Any Thing is too much, in my opinion, which a man speaks of himself, tho' never so little*: Ogni cosa, ancorchè sia pochissimo, che un uomo dica di se stesso, secondo il mio parere è sempre troppo. Altro Esempio: *This is the word of Faith, which we preach, that if thou shalt confess with thy mouth the Lord Jesus, and shalt believe in thy Heart, that GOD hath raised him from the Dead, thou shalt be saved*. L'ordine naturale è il seguente: *This is the word of Faith, which we preach, that thou shalt be saved, if thou shalt confess &c*. Quest'è la parola di Fede, che noi predichiamo, che tu sarai salvo, se confesserai con la tua bocca il Signore Gesù, e crederai nel cuor tuo, che Dio lo ha risuscitato dalla morte.

Esem-

(1) *L'Autore parla ai Maestri Inglesi, che insegnano la Lingua Latina; ma si può far uso di quelle osservazioni anche da chi studia per intendere e tradurre l'Inglese in qualunque altra Lingua.*

PER GL' ITALIANI.

Esempj delle Trasposizioni ne' Versi.

       Yet not the more,
Cease i to wander where the Muses haunt
Clear Spring, or shady Grove, or Sunny Hill
Smit with the Love of sacred Song; but chief
The Sion, and the flowry Brook beneath
That wash thy hallowed Feet, and warbling flow,
Nightly i visit, &c. Milton Paradise lost. Book 3.
 (Paradiso perduto) Lib. 3.
 L'ordine naturale è a questo modo: *Yet smit with the Love of sacred Song, i cease not to wander &c. But chief, i nightly visit thee Sion &c.*

    Traduzione del Sig. Rolli.

Pur non ces'io di gir vagando, dove
Van le Muse, o vicino a chiara fonte,
O in ombrosa selvetta, o in colle aprico,
Perchè del sacro Canto amor m'infiamma.
Ma prima te, *Sion*, co'tuoi ruscelli
Fioriti, che il tuo piè santo lavando
Mormoran dolce, te ogni notte visito.

O woman, best are all Things as the will
Of GOD ordain'd them, his creating hand
Nothing imperfect or deficient left
Of all that he created, much les Man.
 Milton *Paradise lost.* Book 9.

 L'ordine naturale è questo: *O Woman, all Things are best as the will of GOD ordained them, his creating Hand left nothing imperfect or deficient of all that he created &c.*

H 4   Tra-

Traduzione del Sig. Rolli.

Donna, migliori fon le cofe tutte,
Quai le ordinò la volontà di DIO;
Nè imperfetto lafciò nulla, o manchevole
In tutte l'opre il creator fuo braccio,
E l'Uomo molto meno.
Of man's firſt Diſobedience, and the Fruit
Of that Forbidden Tree, whoſe Mortal Taſte
Brought Death in to the World, and all our Woe
With loſs of Eden, til one greater Man
Reſtore us and regain the bliſspl Seat,
Sing Heavenly Muſe. Milton *Paradiſe loſt.* B. 1.

Traduzione del Sig. Rolli.

Dell'Uom la prima Trafgreffione, e'l Frutto
Di quell'Arbor vietata, il cui mortale
Guſtar morte nel mondo, e ogni mal noſtro
Apportò colla perdita dell' *Eden*:
Finchè poi ne riſtora un Uom più grande,
E ne racquiſta la beata Sede;
Canta, o celeſte Muſa.

La ferie ordinata delle parole è queſta: *Heavenly Muſe ſing of Man's firſt diſobedience,* &c.

Conchiuderemo queſto Capitolo della *Traſpoſizione* con queſt'Avvenimento, che chiunque vuole fcrivere con chiarezza e nettezza, dee ferbare, per quanto può, l'ordine naturale; ma non però così rigorofamente, che all'in tutto trafcuri le Trafpofizioni delle parole; poichè alle volte farà coſtretto di trafporle, a fin di renderle più muſicali e armonioſe. Ma l'imitazione di queſti Autori, i quali fcrivono con più dolce e grato ſtile, farà in ciò la miglior guida, e il miglior Maeſtro.

OSSER-

OSSERVAZIONE II.

Dell' Elissi, o dell' omissione di alcune parole in una Sentenza.

Tutte quelle parole, le quali omesse sottintender si possono così bene, come se menzionate fossero, è libero allo Scrittore, o Dicitore il lasciarle fuori in una Sentenza.

Possono alcune voci omettersi in quattro maniere ed occasioni.

I. Quando una Parola è stata menzionata poco innanzi, e si suppone ragionevolmente, che non sia uscita dalla memoria, allora si tralascia per lo più di ripeterla; come: *Cæsar came, and saw, and conquerend;* onde non fa bisogno che si dica: *Cæsar came, and Cæsar saw, and Cæsar conquerend,* Cesare venne, e vide, e vinse. Così: *ye have eaten more than we;* cioè, *than we have eaten,* voi avete mangiato più che noi. Laonde in una sentenza Relativa, cioè avente in sè il Relativo *who, which,* o *that,* l'Antecedente, cioè la parola che precede, rade volte è ripetuta: v. g. *I bought te Horse which you sold,* cioè *which horse.* Io comprai il Cavallo, che voi vendeste: *This wine is bad, which you sent me,* cioè *which wine.* Il vino, che voi m'avete mandato, è cattivo: *Vat Words i spoke, those i deny;* cioè, *those Words* &c. Io nego quelle parole, che ho dette.

II. Quando una parola ha da menzionarsi immediatamente dipoi, se ella può ben essere sottintesa, è libero tralasciarla in quella parte, che precede:

cede: come *i ever did, and ever will love you;* cioè, *I ever did love;* io sempre v'ho amato, e sempre v'amerò.

III. Quando il pensiero è espresso con alcuni altri segni; come se un dica: *Who is he?* Chi è egli? addittando nel medesimo tempo un uomo; non ha bisogno di dire: *what Man is that Man?* Qual uomo è quell'uomo?

IV. Quelle parole, le quali per la menzione, che si fa d'alcune altre si dee necessariamente supporre, che sieno indicate, possono tralasciarsi. Per esempio: *When you come to Paul's, then turn to the left*: ognun s'accorge, che voi volete dire: *Paul's Church*, e *left hand*, quando venite alla Chiesa di S. Paolo, allora voltate a man sinistra. La Preposizione *to* tralasciasi anch'ella sovente: *Reach me te Book*, in vece di *to me*, porgetemi il Libro.

Le voci *Thing*, ed *act*, cioè *cosa*, o *azione* spesso si ommettono; come: *It is hard to Travel thro' the snow*: è difficile, cioè cosa difficile, viaggiare per mezzo alla nave. Questa, com'anche quasi tutte le altre, è Elissi de' Latini, e de' Greci.

La copula o legatura *that* (che) spesso lasciasi fuori in una sentenza composta ecc. *I desire (that) you would write for me*, io desidero (che) voi scriviate per me. *I tink i saw him*, cioè *that i saw*. Io penso (che) l'ho veduto. Quest'Elissi è più frequente nell'Inglese, che nell'Italiano.

I Relativi *that, which, who, whom*, possono ommettersi; come: *This is the Man i killed*, cioè *that*, o *whom i killed*, questo è l'uomo, ch'io ammazzai. E ciò è frequentissimo nell'Inglese.

Finalmente usiamo qualche volta di tacere la particella condizionale *If* (se) la quale dee sottintendersi.

derli, Esempio: *As the delicate Ear of the Artist can quickly discover the least fault in his musick; so would we take as much Care in Detecting and censuring our vices, we might from the least and most trivial matters, make several Observations that would be much to our advantage*: manca l'*If* innanzi a quelle parole *would we take*. Segue la traduzione del periodo: Siccome il dilicato orecchio del Professore può subito accorgersi del menomo fallo nella sua musica; così se noi ci prendessimo altrettanta cura in discuoprire e censurare i nostri vizj, dalle minime e più triviali circostanze potremmo fare diverse osservazioni, le quali sarebbono di molto nostro vantaggio.

ESERCIZJ

SOPRA LA LINGUA INGLESE,

Per ridurre a pratica, e raffodare nella memoria le regole di questa Grammatica.

Cavati dalle Opere infigni del Sig. GREENVOOD, *e del* DOTTOR WALLIS.

TErminata la Grammatica, ho ftimato effere neceffario l'aggiugnere poche pagine, che contengono la Pralſi, o l'Efercizio ſopra tutte le parti del Difcorſo, unire in una fentenza ; affinchè colla fpiegazione minuta e letterale di tutte le parole infieme accoppiate ſi tolga l'ofcurità, e ſi agevoli a' principianti l'intelligenza di queſta Lingua. E per favellare primieramente della diſtinzione d'una Parte d'orazione dall'altra, dimandaſi nelle feguenti fentenze, qual parte di difcorfo ciafcuna parola fia ; e ſi rende di tutto la ragione.

Primo Esercizio.

Good Boys love good Books. Where is te ſchool? We will go with you to the temple. I walk in the shade beccauſe it is pleaſant. The Book is publisched. I ſaw a prancing Horſe.

Che parte d'Orazione è *Good?* Un nome aggettivo, perchè moſtra il modo o maniera della coſa. *Boys* è nome foſtantivo, perchè ſignifica la coſa ſteſſa : di numero plurale, effendovi

per

per questo aggiunta l'*S*. *Boy* giovane, *Boys*, giovane. *Love* è un verbo Attivo, perchè significa azione, e Italiano vuol dir *amare*. *Good* è aggettivo, come abbiam detto, e significa *buono*. *Books* è sostantivo, e vuol dir *libri*. *Where* è un avverbio di luogo, e significa *dove? Is* è un verbo essenziale o neutro, perchè significa *essere*, ed è terza persona. *The* è un articolo. *School* è nome sostantivo, *the school* la scuola. *We* è un Pronome, perchè è posto in luogo del nome: *we* noi. *Will* è un verbo ausiliare. Vedi la Grammatica. *Go* è un verbo, che significa andare, *will go* anderemo. *With* è una preposizione, poichè mostra il rapporto, che una cosa ha con l'altra. *You* è pronome. *To* è preposizione. *The* articolo. *Temple* nome sostantivo. *I* pronome. *Walk* verbo neutro, perchè l'azione non passa in qualche altra cosa. *In* è una preposizione. *The* articolo. *Shade* nome sostantivo. *Because* è una congiunzione, perchè unisce le sentenze tra loro. *It* è pronome. *Is* verbo neutro. *Pleasant* nome aggettivo. *The* articolo. *Book* nome. *Published* è un participio passivo, perchè finisce in *ed*. Ma *is published*, essendo preso insieme, chiamasi un verbo Passivo. *I* pronome. *Saw* verbo Attivo. *A* è un articolo numerale. *Prancing* è participio attivo. *Horse* è nome sostantivo.

Traduzione letterale delle addotte sentenze.

I buoni giovani amano i buoni libri. Dov'è la Scuola? Noi anderemo con voi alla Chiesa. Io passeggio all' ombra, perchè ciò è dilettevole. Il Libro è pubblicato. Io ho veduto un cavallo alzante i piedi dinanzi.

SECONDO ESERCIZIO.

The LORD'S *Prayer.*

Our Father which art in haven: Hallovd be thy name: Thy Kingdom come: Thy will be done, in Eart, as it is in Heaven: Give us this Day our daily Bread: And forgive us our trespasses, as we forgive them that trespass against us: And lead us not in to temprasion; But deliver us from Evil. For thine is the Kingdom, the Power and the Glory, for ever, and ever. Amen.

The) è un articolo Dimoſtrativo, e corriſponde all' Italiano, *il, la, lo.* Dinota e ſignifica la determinazione o reſtrizione del ſenſo d'una o più coſe particolari; e moſtra qual particolare voi volete accennare. Così *the Lord*, è adoprato qui l'articolo per via d'eminenza, o come vorremmo dire, per antonomaſia *il Signore*, cioè Gesù Criſto, Salvator noſtro.

Lord) è un nome Soſtantivo: non ha differenza di caſi, toltone il Genitivo.

Lord's) L'S finale è la lettera, che forma il Genitivo Ingleſe. Corriſponde al Caſo Genitivo de' Latini, e ſignifica l'*Autore*, chi ha fatta queſta orazione. Vedi la Grammatica.

Prayer) è un nome ſoſtantivo. Corriſponde all' Italiano *Preghiera*, al Franceſe *priere*; e viene dal Latino *precare*.

The Lord's Prayer. L'orazione del Signore.

Our) E' un Pronome poſſeſſivo, poſto per la prima perſona del Numero plurale, e vuol dir *noſtro*.

ſtro. Our, e non *ours*, perchè v'è eſpreſſo il ſoſtantivo *Father*, padre. I Pronomi *my*, *thy*, *our* s'adoprano, quando ſono aggiunti a' Soſtantivi. *Our*, come gli altri aggettivi, non ha differenza di caſi, generi, o numeri.

Father) E' un nome ſoſtantivo, in Italiano *Padre*. Viene dal Latino *Pater*, o piuttoſto dal Greco πατὴρ *pater*. Non è queſta voce paſſata nella lingua Ingleſe per mezzo della Franceſe, come moltiſſime altre voci; poichè il *Pere* de' Franceſi non ha alcuna affinità coll' Ingleſe *Father*; ma più toſto col Tedeſco *Vatter*.

Which) E' un Relativo; in Italiano, *che*, *il quale*. Diceſi delle coſe e delle perſone, ma particolarmente delle coſe; e quando parliamo delle perſone è meglio ſervirſi de' relativi, *who*, e *whom*.

Art) E' un verbo eſſenziale, o neutro, perſona ſeconda ſingolare del verbo *Am* io ſono. E' la ſeconda perſona ſingolare, perchè s' accorda con *thou* tu ſottinteſo, eſſendo *thou* la voce denominativa della perſona ſeconda ſingolare. Il verbo *Am* è molto irregolare. Viene dal Saſſone *Eom*, il quale forſe deriva dall' εἰμι *eimi* de' Greci, donde il Latino *Sum* (uſando i Latini ſpeſſo di prefiggere l' S in vece dello ſpirito o dell' aſpirazione). *Art* dal Saſſone *Eart*, quantunque il Dottor Wallis dica, che da *Am* viene *are* ed *art*, ch' è una contrazione di *ar'ſt* (perocchè *ſt* è la terminazione della ſeconda perſona ſingolare: vedi la Grammatica). *Is* da *eſt* de' Latini, o 'ςι' de' Greci.

In) Prepoſizione. Gl' Ingleſi, come anco gl' Italiani ſanno coll' ajuto delle prepoſizioni tutto quello, che i Greci ed i Latini facevano, parte colle prepoſizioni, e parte colla diverſità o differenza de' caſi.

Heaven) Nome foſtantivo, in Italiano *Cielo*.

Hallowed) Participio paſſivo, che finiſce in *ed*. Con l'ajuto del qual participio, e del verbo *Am*, o *Be* noi eſprimiamo ciò, che i Grammatici Latini chiamano *Voce Paſſiva*. *Hallowed* viene dal verbo *to hallow*, cioè *ſantificare*, o *conſacrare*, dalla voce *holy*, o piuttoſto *haly* voce antica. Ed anche al dì d'oggi l'Abbazia di *Santa Croce* vicino a Edinburgo nella Scozia è chiamata *Hall-Rude-Houſe*, cioè *The houſe of the Holy-Croſs*. Imperciocchè *Rude*, o *Rood* è una Croce; e *Holy-Rood-Day* è il giorno dell'Eſaltazione, ed oſtenſione della Santa Croce. Adeſſo però la parola *Rood* è divenuta rancida, o fuor d'uſo; in vece della quale noi adopriamo *Croſs* dal Franceſe *Croix*; ſiccome dall'Italiano *Croce* noi diciamo *cruth*, *crock*, *crooked*. Così il Tempio o Chieſa di tutti i Santi chiamaſi *All-Hallows-Church*. E la feſta di *tutti i Santi* è detta *All-Saints-Day*, ed altresì *All-Hollon-Day*, e *Hall-Hollon Tide*; *tide* eſſendo una parola antica, mentre ognuno ſcrive *time*. Il noſtro *Haly*, o *Holy* viene dal Saſſone *Halig*, *Halga*, in cui luogo gli Alemanni ſi ſervono di *Heyling*. Ma la parola *Hall-Hallow* è al preſente in diſuſo, in luogo della quale noi mettiamo la voce Franceſe *ſanctifier*, *to ſanctifie*, dal Latino *ſanctifico*: e per *All-Allows*, diciamo *All-Saints*; benchè la voce antica ſi conſervi ancora nell'*Orazione Dominicale*, per eſſer queſta un'antica Formola o eſpreſſione.

Be) Sia: è un verbo dal neutro *Am* irregolare; e qui s'adopra in ſenſo Imperativo, o precativo.

Thy) Tuo: è un pronome poſſeſſivo, poſto in vece di *thou* la ſeconda perſona ſingolare. *Thy*, e non già *Thine*, perchè non va avanti ad una paro-

parola, che principia da vocale ; e perchè il Soſtantivo non è lasciato fuori ; ne'quali due casi si dice *shine*, e non *thy*: *thy name*, il tuo nome.

Name) Suſtantivo. In luogo di *Name* i Saſſoni dicono *Nama*, gli Alemanni *Nahm*, *nahme*, gli Ollandesi *Naem*, i Danesi *Naffn*, i Francesi *Nom*, gl'Italiani *Nome*. Tutte le quali voci vengono dal Latino *Nomen*, dal Greco ὄνομα, ònoma.

Thy Kingdom come) il tuo regno venga : che grammaticamente dovrebbe dirsi : *Let thy Kingdom, come*, essendo il senso imperativo, o precativo : *let* è un verbo ausiliare aggiunto per segno del modo Imperativo : *to let* significa, permettere, lasciare, concedere.

Thy) Come sopra.

Will) Volontà. Nome soſtantivo, che deriva dal Verbo *to will*, o pur il verbo deriva dal nome. Si scriveva anticamente *wolle*, da dove s'ha il tempo preterito *would*, cioè *wolled*. L'origine è dal Latino *Volo*; imperciocchè la V consonante de' Latini s'è usato di mutarla nel W *Inglese*, la qual lettera era per l'addietro del medesimo suono, che la V consonante de' Latini, prima che degenerasse nell' Eolico Digamma F. Così *via*, way ; *vinum*, wine ; *ventus*, wind ; *venio*, wend (voce antica) *veni*, went ; *vespa*, wasp ; *ovis*, ewe, e moltissimi altri.

Be) Sia. Vedi sopra.

Done) Fatta. Sarebbe meglio scritto *Do'n*, o pur *Doen*, ch'è il participio passivo dal verbo *Doe* fare.

In) Come sopra.

Earth) Terra. Soſtantivo. I Saſſoni la chiamano *Eard*, *Eord*, *Eorth* ; gli Alemanni *Erd*, *Erde* ; gli Ollandesi *Erd*, *Aerd*, *Aerde* ; I Danesi *Jord*,

Jorden; e tutti hanno preso dal Greco ἴσα, quando più tosto non si volesse ammettere l'origine Arabica *Arda*, o l'Ebraica *Arets*, ארץ.

As) Come. Avverbio, che forse viene dal Greco ὡς.

It) Pronome della terza persona singolare: si dice di cosa, che non sia di femminino, nè di mascolino sesso. Imperocchè quando parliamo di maschio, diciamo *he* egli; e quando di femmina, *she* ella, viene dal Latino *id*.

Is) E' terza persona del verbo *Am*, io sono; *thou art*, tu sei, *he is*, egli è.

In Heaven) Vedi sopra.

Give) Verbo, usato qui in senso imperativo, con lasciar fuori il pronome *thou*, in vece di *give thou*, dà tu.

Us) A noi; vi si sottintende la preposizione *to*, a.

This) Questo. E' un aggettivo dimostrativo, e si dice tanto delle persone, che delle cose.

Day) Giorno. Nome sostantivo. *This day* è detto in vece di *in this day*, per una ellissi; come *hodie* in Latino in vece di *hoc die*, *in hoc die*.

Our) Vedi sopra.

Dayly) Quotidiano. Aggettivo dal sostantivo *Day*: significa quel che diciamo *every Day*, di ciascun giorno, o *che basta per un giorno*.

Bread, Pane. I Sassoni dicono *Breod*: gli Alemanni *Brodt*; gli Ollandesi *Broodt*; i Danesi *Brood*.

And) E' congiunzione. E' una copulativa, che unisce insieme le sentenze del parlare. Dicono pure i Sassoni *and*; i Danesi *ende*; i Tedeschi *und*.

Forgive) Rimetti, perdona, dal Sassone *forgefan*.

Us) Come sopra.

Our)

Our) Come sopra.

Trespasses) Offese, trasgressioni. Nome sostantivo. L's v'è aggiunto per formare il plurale: Trespasse è una parola Francese, da *trans*, e *passer*, passare, andare; cioè oltrepassare i termini a noi prescritti da osservarsi. La parola *wrong*, errore, delitto, è più proprio dell' Inglese, che *trespasse*.

As) Come sopra.

We) Noi. Pronome.

Forgive) Perdoniamo; la terminazione nel numero plurale de' verbi non è punto mutata.

Them) A quelli; dopo il verbo si adopra *them*; avanti il verbo *they*.

That) Che. Aggettivo Relativo; ed è usato in luogo di *who*, o *which*.

Trespass) Peccano. Verbo di tempo presente modo indicativo: si forma così: *I trespass*, *thou trespassest*, *he trespasseth*. Plural. *we trespass*, *ye trespass*, *they trespass*.

Against) Contra. Preposizione, dal Sassone *Agen*.

Us) Come sopra. Ann) Come sopra.

And Lead us not into temptation). Lead è un verbo usato qui in senso imperativo; significa, condurre, menare, indurre. Not è un avverbio negativo. Quando è adoprato assolutamente, cioè senza esser unito ad alcun' altra parola, diciamo *No*; ma quando è con un verbo, o con un nome, diciamo *Not*. A differenza delle altre Lingue, noi poniamo la negativa dopo il verbo. *Lead us not*, non c' indurre. *In* to, preposizione. *In* riguarda stato, *to* moz one. *Temptation*, viene dal Latino *tento*, *to tempt*, tentare. *To try* è più Inglese.

But deliver us from evil) Ma liberaci dal male.

But è una congiunzione. *Deliver* verbo, dal Francese *delivrer*. *From* è una prepofizione, che anticamente fi diceva *fro*, e di qui *fro-ward*, che fignifica uno, il quale fi rivolta dagli altri, che non s'accorda, che non fi contenta di cofa alcuna : e ficcome *from* ha un fignificato contrario a *to*, così *froward* a *toward*, e *towardly*. *A toward Youth*, vuol dire un giovane, che applica la fua mente, o l'animo fuo fino alle cofe ; che è a propofito, che è atto a qualunque cofa. E diciamo anche al giorno d'oggi *to and fro*, in vece di *to and from*, qua e là. *Evil* è un addiettivo, che qui s'adopra come foftantivo, dal Saffone *efel*.

For thine is the Kingdom) Poichè tuo è il regno. *For* è una congiunzione ; abbiamo veduto, ch'ella è anche prepofizione. *Thine* pronome ; l'ordine naturale di quefte parole è il feguente : *The Kingdom is thine*, cioè *the Kingdom is thy Kingdom*. *The* articolo, ufato qui in modo enfatico o efpreffivo, per eminenza o diftinzione, il Regno. *Kingdom*, viene da *king*, con l'aggiunta della finale *dom*, con la quale fi formano molti nomi Inglefi, che fono per lo più foftantivi comuni.

The power and the glory for ever and ever) Il potere e la gloria per fempre e fempre. *The power* dal Francefe *pouvoir*. *Strenght* è voce più Inglefe : *glory* dal Latino *gloria*. *For ever and ever*, una forma folenne, o foggia particolare di efprimerfi, in luogo di dire, *throughout all ages, or times*, per tutte le età, o tempi, per tutti i fecoli. *Ever* originalmente è avverbio, ma qui è ufato come foftantivo, dinotante una durazione eterna. Il Dottor Wallis lo deriva da *Ævum*, Età: ficcome *Ay* e *Age* dal greco αιω, αιεν. Ma può dedurfi ugualmente bene dalla voce Saffone *Aefre*...

Amen)

Amen) Il confueto epilogo, e la chiufa, o il finimento delle orazioni: è voce Ebrea, ma comune a tutti i Linguaggi.

La Orazione Dominicale nel fuo ordine naturale, con le voci, che fi fono lafciate fuori, e fi fottintendono.

(O) our Father which art in haven : Hallowed be thy name (thy name be Halloved) : (Let) thy Kingdom come, thy will be done in Earth, as it it (done) in Heaven. Give (thou to) us our daily bread (in) this Day : And forgive (thou to) us our trefpaffes, as we forgive (to) them (their trefpaffes) that trefpafs againft us: And lead (thou) us not in to Temptation, but deliver (thou) us from Evil: For the Kingdom is thine, the power (is thine) and the glory for ever and ever. Amen.

TERZO ESERCIZIO.

Il Simbolo degli Apoftoli fminuzzato grammaticamente.

The Apoftle's Creed.

I Believe in GOD the Father Almight, Maker of Heaven and Hearth. And in Jefus Chrift his only Son our Lord: Who was conceived by the Holy Ghoft, Born of the Virgin Mary, fuffered under Pontius Pilate, Was crucified dead and buried: He defcended in to Hell: The third Day be rofe again from the Dead: He Afcended in to Heaven. And fitteth on the Right Hand of God the Father almigthy; From thence be shall come to judge the quick and the Dead. I believe in te Holy Ghoft : The Holy Catholick Church;

Church; the *Communion of Saints*; the *Forgiveness of Sins*; the *Rhesurrection of the Body*; *And the Life everlasting*. Amen.

The) Articolo dimostrativo aggiunto al sostantivo *Apostle's* o alla voce *Creed*, che qui non si computa, che per un sostantivo, *il Credo degli Apostoli*.

Apostle's L'*s* aggiunta dinota il numero plurale; e con aggiunger altro *s* si forma il caso genitivo; ma per fare miglior suono, il primo *s* è lasciato, e vi s'aggiunge un apostrofe, come *Apostle's*.

Creed) Un Compendio delle cose da esser credute. Dal verbo *Credo*, Io credo, ch'è la parola iniziale del Credo in latino.

I believe in GOD) Io credo in Dio. *I* pronome della prima persona del numero singolare, dal Sassone *Ic*. La lingua Ollandese ha *Ich*, la Tedesca *Ick*. *Believe*, verbo, *i believe*, ovvero *i do believe* nel presente dell'Indicativo. *Be* è una preposizione, posta avanti i Verbi, participj ec. *In God*, ovvero *on God*, che ha il medesimo senso. I Sassoni, come noi, dicono *God*, i Danesi *Gad*, gli Ollandesi *Goed*, i Tedeschi *Gott*, ch'eglino derivano dal Tedesco *gutt* buono.

The Father) Vedi sopra.

All-Mighty) Onnipotente. Voce composta di *All* tutto, e *Mighty* possente. *All*, che i Danesi dicono *Oll*, pare derivato dal Greco ὅλος, holos. *Mighty* è formato dal sostantivo *might*, potere, con l'addizione dell'*y*; perocchè da i Sostantivi, coll'aggiungere in fine un *y* si formano gli Aggettivi d'abbondanza, o copia; e *Might* viene da *may* posso: in luogo di che dicono i Sassoni *Maeg*, gli Ollandesi *Mach*, i Tedeschi *Mag*.

Maker of Heaven and Earth) Fattore del Cielo e della Terra. *Maker* nome sostantivo, verbale, da

ma-

PER GL' ITALIANI. 135

make, formato coll' aggiunta della finale er. Make con le altre simili voci de' Rami della Lingua Teutonica, viene dal Latino machinari. Of preposizione, che corrisponde al caso genitivo de' Latini. Tiene forse dal Latino ab, o dal Greco ἀπὸ, apo, o piuttosto ἀπ' apò · posto in vece di ἀπὸ apo. Heaven and earth, come sopra.

And in Jesus Christ) Ed in Gesù Cristo.

His onely son, our Lord) Suo unico figliuolo, nostro Signore. *His* è il genitivo di *He*, pronome della terza persona singolare, e dinota il sesso mascolino. *His* è una contrazione di *Hee's*. *Onely* in questo luogo è aggettivo; ma alle volte si usa avverbialmente; viene da *one* uno, e questo dal Latino *unus*, o dal Greco ἓν hen. *Son* figliuolo, che i Sassoni dicono *Suna*, gli Ollandesi *Sonne*, i Tedeschi *Sohn*.

Who) O pur *which*, il quale. *Who* si dice delle persone solamente, e *wich* delle persone, e delle cose.

Was) Tempo preterito del Verbo *Am*, io sono. Qui essendo unito col participio *Conceived*, dinota il primo Tempo preterito della voce passiva, come lo chiamano i Latini.

Conceived) Participio passivo, dal verbo *Conceive*.

By) Preposizione, che significa la causa efficiente.

The Holy Ghost) Spirito Santo. *Ghost* è un sostantivo, che significa *Spirito*, ch'è la voce, della quale noi ci serviamo oggidì in luogo di *Ghost*; quantunque questa ancor si ritenga dall'uso antico, come titolo particolare del S. Spirito; perchè la gente volgare non pensi, che si faccia qualche cambiamento o innovazione nella Dottrina, se si cambiasse il nome. Questa parola *Ghost* viene dal Sassone *Gast*. Con essa ha

I 4 qual-

qualche relazione la voce *Gust*, che significa una scossa gagliarda di vento. Ma in oggi noi ce ne serviamo più frequentemeute per dinotare qualche spettro o apparizione. Dal sostantivo *Ghost* con aggiunger *ly* viene la parola *ghostly*, cioè *spirituale*, ch'è in uso frequente anch'oggi. Di qua pur viene *gastly*, terribile, spaventevole, come uno spirito, o come un corpo di defunto; imperciocchè *a gestly Look* (una guardatura od un aspetto orrendo) dicesi principalmente della faccia d'una persona, che muore. Così *Agast* significa attonito, spaventato; quasi che lo fosse alla vista d'un *ghost*, d'uno spettro. *To Gaze*, cioè riguardare attentamente una cosa, come nuova, inusitata, dal Greco ἀγάζομαι, agazomai, *stupirsi ammirare*.

Born) Participio passivo del verbo *to bear*, che fa nel preterito *Bare*, o *Bore* irregolarmente; donde viene il participio *Boren*, che per accorciamento s'è fatto *Bor'n*, *Born*, nato.

Of the Virgin Mary) Dalla Vergine Maria. Dal Latino *Virgo*: il termine Inglese è *Mayd*, *Maid*, o *Maiden*.

Suffered) Tempo preterito del verbo *to suffer*, patire, con l'aggiunta della finale *ed*.

Under Pontius Pilate) Sotto Ponzio Pilato.

Was crucified) Fu crocefisso.

Dead) Morto. E' un aggettivo del verbo *to die* morire: e di qua pure *Death* morte.

And Buried) E' sepolto. Participio dal verbo *to bury*; *was buried*; è altresì il primo preterito del passivo.

He descended) Discese: primo preterito del verbo *Descend*.

Into Hell) Nell'Inferno. I Sassoni dicono *Helle*,

le, e nè più nè meno gli Ollandesi, e gli Alemanni, che viene dal Sassone *Hellan* coprire, nascondere. Corrisponde al *Sheol* שאול degli Ebrei, ed allo A'δης de' Greci; le quali parole sono adoprate per significare una fossa, un sepolcro, non meno che per *Gehenna* il luogo de' Dannati.

The third Day) Il terzo giorno. *Third*, Aggettivo, che chiamasi nome ordinale; *Three* tre è un numero Cardinale. Dal Greco τρεῖς. *The third Day*, senza la preposizione *in*, ovvero *on*, per la figura Elissi.

He rose again) E' risorto. *Rose* è un tempo preterito del verbo *to Rise*, sorgere, ma formato irregolarmente. Vedi la lista de' Verbi irregolari. Colla particella *again*, che aggiunta al verbo fa l'effetto dell'Italiano *ri*, e del Latino *re*, significa *risorgere*, *rilevarsi*.

From the Dead) Da' morti. Si sottintende qui un sostantivo di persona.

And sitteth) E siede. E' la terza persona singolare, tempo presente, del verbo *to sit*; imperciocchè la terza persona del presente finisce generalmente in *eth*. *To sit* dal Sassone *Sittan*; e gli Alemanni dicono *Sizzen*, dal Latino *sedeo*, o dal Greco ἴζω *hezo*.

On the Right Hand) Alla destra. *On* significa l'istesso, che *at*, o *nigh* appresso. *Right* è un aggettivo, posto all'ordinario della Lingua Inglese innanzi al sostantivo *hand*, mano.

Of GOD the Father Almighty) Di Dio il Padre Onnipotente. Vedi sopra.

From thence) Di là. *From* è una preposizione, che qui è aggiunta all'avverbio *thence*, come una spezie d'esplettiva, perchè *thence* è un avverbio di luo-

luogo, che significa lo stesso, che *from that place*, da quel luogo, di là.

He shall come) Egli ha da venire. *Shall* è un verbo ausiliare, formato così: *I shall*, *thou shalt*, *he shall*. Plur. *We shall* ec. *Shall*. e *Will* dinotano il tempo futuro, o il tempo a venire. *Shall* nella terza persona qui promette, ma qualche volta comanda, o minaccia. *Come* è un Verbo neutro. Quando due Verbi s'accoppiano, al secondo si premette la preposizione *to*, per esprimere ciò che i Latini chiamano *modo Infinitivo*; ma dopo il verbo ausiliare (qual è *shall*) e dopo alcuni altri Verbi, la preposizion *to* si omette; perchè se si dicesse: *I will to come*, *will* non sarebbe più ausiliare, ma un verbo accoppiato con un altro, e significherebbe: *voglio venire*, e non già *verrò*. *Shall* nulladimeno è sempre segno del futuro, e non è mai verbo. Questa maniera infinitiva, che gl'Inglesi esprimono coll' apporre la preposizione *to* avanti il verbo, detta da' Latini *modus Infinitus*, è espressa da' Danesi colla finale *er*, da' Sassoni colla finale *an*, e dagli Ollandesi e Tedeschi colla finale *en*.

To judge) A giudicare, o per giudicare. *To judge* è un verbo, che vien dopo un altro; perciò giusta la regola poc'anzi accennata ha avanti di se la preposizione *to*, per espressione dell' Infinito. *Judge* dal Francese *juger*, ovvero dall' originale Latino *Judicare*. La parola *Deem* in questo senso è più Inglese, però diciamo *Domesday*, il giorno del Giudizio.

The quick) I vivi. Quest'è un aggettivo, che s'aggiunge (come tutti gli aggettivi nella Lingua Inglese) al suo sostantivo senza alcuna differenza di caso, di genere, o numero. Vi si sottin-

PER GL' ITALIANI. 139

s'intende *Men*, uomini, che è il plurale di *Man*, *Quick* oggidì s'usa principalmente per significare *rapido*, *leggiero*, *agile*, *snello*; ma anticamente (onde nel Credo questa voce ritiene il suo antico senso) più spesso, ed in oggi ancora significa *vivo*; così che *Quick*, e *Dead*, è lo stesso, che *Living and Dead*, viventi, e morti. Da *Quick* viene il verbo *to quicken* animare, eccitare. I Sassoni per *Quick* dissero *Cuice*, *Cuce*, poichè la lettera Q non era molto in uso appresso loro. Noi diciamo *Quick-Silver*; *to pare the Nails to the quick*, ec. Argento vivo; tagliar l'unghie fino al vivo.

And the Dead) Ed i morti. Vedi sopra.

I believe in the Holy Ghost) Vedi sopra.

The holy Catholick Church) La santa Cattolica Chiesa. *Church*, in cui vece i Britanni settentrionali dicono *Kirk*, gli Ollandesi *Kercke*, i Tedeschi *Kirck*, i Sassoni *Cyric*. Tutte le quali voci sono accorciate ed originate dal Greco Κυριαϰός, *Kuriacos*, Κυριακὺ, *Kuriake*, con sotto intendervi οἶκος, o οἰκία *domus*.

Communion of Saints) Comunione de' Santi.

The forgiveness) La remissione. Quest'è un sostantivo fatto dal verbo *Forgive*, con aggiunger la terminazione *ness*; la qual sorta di voci sono bene spesso formate dagli aggettivi, e molto di rado dai Verbi.

Of sins) De' peccati. Quest'è il plurale del sostantivo *Sin*, ed è fatto con l'aggiunta dell' S. Dicono i Sassoni *Sinne*, gli Ollandesi *Sonde*, *Sunde*, i Tedeschi *Sund*.

The Resurrection) Voce Latina in vece dell' Inglese, *the Uprising*, ovvero *the rising again*, nome verbale dal verbo *to rise* sorgere, alzarsi.

Of

Of the Body) Della carne, o del corpo. Sostantivo dal Sassone *Bodige*.

And the Life everlasting) E la vita eterna. Da *Life* viene il verbo *to live*, e quindi il participio attivo *Living*, vivente; e *lively* avverbio, ed aggettivo nè più nè meno; e *liveless*, cioè senza la vita; la finale *less* essendo privativa. *Everlasting* è un aggettivo composto, o una parola formata coll' avverbio *ever* sempre, e col participio *Lasting* dal verbo *to last* sussistere, durare, continuare.

A

A	UN
Nomenclature	Nomenclatore
ENGLISH,	INGLESE,
and ITALIEN.	ed ITALIANO.
Of the World.	*Del Mondo.*

THE world.	IL Mondo.
heaven.	Il Cielo.
the sun.	il Sole.
a sun beam.	il raggio, i raggi, i rai del Sole.
an eclipse.	un' eclisse.
the moon.	la luna.
new moon.	la luna nuova.
full moon.	la luna piena.
an increasing moon.	la luna crescente.
the wain of the moon.	la luna mancante.
the conjunction of the moon.	la congiunzione della luna.
a star.	una stella.
a constellation.	una costellazione.
a planet.	un pianeta.
a comet, or blazing star.	una cometa.
the east.	il levante, l'oriente.
the west.	il ponente, l'occidente.
the north.	la tramontana, il norte.
the south.	il mezzogiorno, il mezzodì, il sud.

fire.

fire.	il fuoco.
flamme.	la fiamma.
heat.	il calore.
warmth.	la tiepidezza.
a spark.	una favilla.
a firebrand.	un tizzone acceso.
a brand quenched.	un tizzone spento.
a burning coal.	la bragia, o brace.
a dead coal.	il carbone.
ashes.	le ceneri.
embers.	le ceneri accese.
smoak.	il fumo.
soot.	la fuligine.
a fire, when a house or town is on fire.	l'incendio, quando una casa, o città è in fuoco.
the air.	l'aria.
a cloud.	una nuvola.
a mist.	una nebbia.
a shower.	la scossa.
rain.	la pioggia.
the rainbow.	l'arcobaleno.
a drop.	una gocciola.
hail.	la gragnuola, la grandine.
snow.	la neve.
dew.	la rugiada,
a copious dew.	la guazza.
frost.	il gelo.
hoar-frost.	la brina, o brinata.
ice.	il ghiaccio.
an icicle.	il diacciuolo.
thunder.	il tuono.
a thunderbolt.	un fulmine, o una saetta, il baleno.
lightning.	il lampo.
a storm.	

a storm.	una burrasca.
a tempest.	una tempesta.
a whirlwind.	un turbine.
an earthquake.	il terremoto, il tremuoto.
a gentle wind.	l'aura, l'auretta, il venticello, il zeffiretto.
the wind.	il vento.
the east wind.	zuro, levante.
the west-wind.	favonio, zeffiro.
the north-wind.	aquilone, rovajo, tramontana.
the south-wind.	auftro, oftro.
fair weather.	bel tempo.
water.	l'acqua.
the ocean.	l'oceano.
the sea.	il mare.
the tide.	la marea.
the flowing.	il flusso.
the ebb.	il riflusso.
a wave.	un' onda.
a billow.	il flutto, il marofo.
a river.	un fiume.
a narrow river.	un fiumicello.
a rivulet.	un ruscello, un ruscelletto.
the stream.	la corrente.
a channel.	il letto.
a brook, a torrent.	un torrente.
a fountain, a spring.	una fontana, una sorgente, una fonte, un fonte.
a well.	un pozzo.
the shore.	il lido, la spiaggia.
the bank of a river.	la riva, la sponda.
the brim.	l'orlo.
a pool, or pond.	la palude, lo stagno.
a lake.	un lago.

a mar-

a marsh, or fen.	la palude, il pantano, il padule.
a ford, or shallow.	il guado, il guazzo, il volo.
a deluge, or flood.	un diluvio.
a whirlpool.	un vortice.
an arm of the sea, a strait.	un braccio di mare, uno stretto.
a gulf.	un golfo.
a bay.	un seno di mare.
a haven, or port.	un porto.
a bubble.	una bolla.
the earth.	la terra.
a mountain.	un monte, una montagna.
a valley.	una valle.
a rock.	una balza, una roccia, una rupe.
the country.	la campagna.
a plain, or champain.	una pianura, o piaggia.
a hill.	un colle, una collina.
a cliff.	l'erta, la montata, la salita.
dirt.	il fango, il loto.
mud.	la belletta, il limo, la mota.
clay.	l'argilla, la creta.
dust.	la polvere.
sand.	l'arena, la sabbia, il sabbione.
gravel.	la ghiaja.
a gravel-pit.	una cava di ghiaja.
lime.	la calcina.
chalk.	il gesso.
an island.	un'isola.
a way.	la strada, la via, il cammino.
a path.	il sentiero, una viottola.

Good

GOD the Father	IDdio, Dio il Padre
the Son	il Figlio, il Figliuolo
the Holy Ghost	lo Spirito Santo

There are in Nature. — *Nella Natura delle cose sono.*

A Spirit	UNo spirito
an angel	un angelo
the devil	il diavolo, il demonio
the soul	l'anima
the body	il corpo
a movinge live creature	un semovente
Man and woman	l'uomo e la donna
a beast	una bestia
a four-footed beast	un quadrupede
a bird	un uccello
a fish	un pesce
a serpent	un serpente, un serpe, una serpe
a worm	un verme
an insect	un insetto
a plant	una pianta
a tree, a small tree	un albero, un arboscello
a shrub	un arbusto, un frutice
a bush	un cespuglio
an herb	l'erba
a mineral, or metal	il minerale, il metallo

Of man, and the Parts of the human Body. — *Dell' Uomo, e delle parti del Corpo umano.*

A Man	UN uomo
a woman	una donna
a boy	un fanciullo
a girl	

a girl	una fanciulla
a child that cannot yet speak	un bambino, un infante una bambina
a virgin	una vergine
a young man, or woman	un giovane, o una giovane
an old man	un vecchio
an old woman	una vecchia
a dwarf	un nano
a giant	un gigante
a left-handed man	un mancino
the skin	la pelle
the limbs, or members	il membro, i membri, le membra
the head	il capo, la testa
the fore-part of the head	il ciuffo, il cucuzolo
the hinder part of the head.	la coppa, la nuca, la cervice
the crown of the head	la sommità della testa,
the forehead	la fronte
a wrinkle	una crespa, una grinza
the temples of the head	la tempia, le tempie, le tempia
the face	la faccia, il viso, il volto, la cera
the countenance	l'aspetto, il sembiante, il volto
the ear	l'orecchio, l'orecchia
the eye-brow	il sopracciglio, il supercilio
the eye lid	la palpebra
the hairs of the eyelids	il pelo delle palpebre, le pennazze
the eye	l'occhjo
the white of the eye	il bianco dell'occhio

the

the light, at apple of the eye	*la pupilla*
the nose	*il naso*
the nostrils	*le narici*
the tip of the nose	*la punta del naso*
the middlepart, or bridge of the nose	*il tramezzo delle narici*
the cheek	*la gota, la guancia*
the mouth	*la bocca*
the lip, *pl.* the lips	*il labbro, pl. le labbra, i labbri*
the gums	*le gengive*
a tooth	*un dente*
the fore-teeth	*i denti dinanzi*
the eye-teeth	*i denti occhiali*
a dimple	*una pozzetta*
the dimple in the chin	*la fossetta*
the jaw-teeth	*i denti mascellari*
the tongue	*la lingua*
the palat, or roof of the mouth	*il palato*
the jaw-bone	*la mascella, le mascelle*
the chin	*il mento*
the neck	*il collo*
the hinder part of the neck	*la collottola*
the throat	*la gola*
the fore-part of the neck	*il gozzo*
the bosom	*il seno, il grembo*
the breast	*la mammella, la mamma, la poppa, la tetta, la zinna*
the nipple	*il capezzolo*
the breast	*il petto*
the belly	*il ventre, la pancia*

the navel	il bellico, l'ombelico, l'umbelico
the groin	l'anguinaja, l'inguine
the arm, the arms	il braccio, le braccia
the elbow	il cubito, il gomito
the arm-pit	l'ascella
the hand	la mano
the right hand	la man dritta, la destra
the left-hand	la mano manca, o mancina, la sinistra
the palm of the hand	la palma della mano
the hollow of the hand	il vuoto della mano
the fist, the fists	il pugno, i pugni, le pugna
the wrist	il polso
a finger, the fingers	un dito, le dita
a joint	un articolo, la giuntura
the knuckles	le nocche
the thumb	il dito grosso, il pollice
the fore-finger	l'indice
the middle-finger	il medio
the fourth-finger	l'annulare
the little-finger	il ditino, l'auricolare
the shoulder	l'omero, la spalla
the back	la schiena, la spalla, il tergo
the loins	i lombi
the flank	il fianco
the buttocks	le chiappe, le natiche
the fundament	il culo, il deretano, il sedere
the privy-parts	le parti vergognose, vergogne
the hip, or haunch	l'anca
the outside of the thigh	il difuori della coscia

the inside of the thigh	il didentro della coscia
the knee, the knees	il ginocchio, le ginocchia, i ginocchj
the ham	il garetto
the leg	la gamba
the shin	lo stinco
the calf of the leg	la polpa della gamba
the ancle	la cavicchia, la caviglia
the foot	il piede
the sole of the foot	il dito grosso del piede
the instep	la pianta del piede
the heel, the heels	il collo del piede
	il calcagno, i calcagni, le calcagna
a toe	un dito del piede
the great-toe	
the flesh	la carne
a muscle	un muscolo
fat, or grease	il grasso, il grassume
a membrane, or film	una membrana
a gristle	il tenerume, la cartilagine
a sinew, a nerve	un nervo
a vein	una vena
an artery	un' arteria
a bone, the bones	un osso, le ossa, gli ossi
marrow	la medolla, la midolla, il midollo
the skull	il cranio
the joints in the back-bone	le vertebre
the back-bone	la spina
the ribs	le coste
the shoulder-blade	l' osso della spalla
the arm-bone, from the elbow to the wrist	l' ossa del braccio dal gomito sino al polso

the shin-bone	l'osso della gamba, lo stinco
the bone that is above the heel, between the two ancles	la parte del piede tra la noce e il calcagno
the heart	il cuore, il core
the lungs, or lights	il polmone
the breath	l'alito, il respiro
the liver	il fegato
the spleen, or milt	la milza
the reins, or kidneys	l'arnione, le reni, i reni
the brain	il cervello, le cervella
the stomach	lo stomaco
the mouth of the stomach	la bocca dello stomaco
the bowels	le budella, le interiora
the paunch	la pancia
the belly	il ventre
the small guts	le minuga
the bladder	la vescica
the humours	gli umori
blood	il sangue
phlegm	la pituita, la flemma
choler	la bile, la collera
melancholy	la malinconia
the chyle	il chilo
milk	il latte
the seed	il seme
the excrements	gli escrementi
a nail	l'ugna, l'unghia
the hair on any part of the body	il pelo in ogni parte del corpo
the hair of the head	i capelli
a head of hair	la chioma, la capigliatura
a man's head of hair	la zazzera

a pe-

a peruke	una parrucca
the beard	la barba
a curled lock	il riccio
urine	il piscio, l' orina
dung	lo sterco
horse-dung	lo stabbio
sweat	il sudore
snot	il moccio
dandrif	la forfora
spittle	la saliva, lo sputo
a tear	una lacrima, o lagrima
the side	il lato

Of the Diseases incidents to human Bodies.	Delle Malattie, che accadono ai corpi umani.
A Disease	L'Infermità, la malatia, il male
a physician	il dottor di medicina, il medico, il fisico
physick	la medicina, il medicamento
a chirurgeon, or surgeon	il cerusico, il chirurgo
an apothecary	uno speziale
a medicine or remedy	una medicina, un medicamento, o rimedio
blood-letting	il salasso, il cavar sangue
pain	la doglia, il dolore, il duolo
a fever	la febbre
an ague	la terzana
the head-ach	il dolor di capo, o di testa
the tooth-ach	il dolor di denti

a cough

a cough	la tossa, la tosse
frenesie	la frenesia
madness	il furore, l'infania, la pazzia
the bloody-flux	la dissenteria, il flusso di sangue
the stone	la pietra
the gravel	il calcolo, la renella
the pleurisie	la pleurisia, la scarmana
the jaundice	l'iterizia
the gout	la gotta, la podagra
the gout in the hand	la chiragra
the dropisie	l'idropisia
the consumption	la tisichezza, l'etisia
the falling icknes	l'epilepsia, il malcaduco
the cramp	il granchio
the palsie	la paralisia
the scurvy	lo scorbuto
the plague	il contagio, la peste, la pestilenza
a fit	l'accessione, l'accesso, il parosismo
the fits	le convulsioni
the French pox	il malfrancese
the small-pox	il vajolo, il morviglione
the measles	la rosolia
the itch	la rogna, la scabbia
a scar	una cicatrice
a whelk on the flesh after whipping	la lividura, o il segno delle sferzate
a wound	una ferita
a stroke	le busse, la percossa
head-ach proceedin from too much drinking	il dolor di capo cagionato dal bere soverchiamente

a qualm,

a qualm, or lift to vomit	la nausea, la voglia di vomitare
the hickup	il singhiozzo
a belch	il rutto
wind	il flatto
convulsions	le convusioni
histerical fits	gli accidenti isterici
a fainting fit	lo svenimento
a looseness	la diarrea, l'uscita di corpo
the scurf	la tigna
a bunch, or swelling	l'enfiagione, l'enfiamento, la bozza
a kibe, or chilblain	un pedignone, o galone
a swimming of the head, or giddiness	la vertigine, il giracapo
the squinancy	la schianzia, la squinanzia
the cholick	la colica, il dolor colico
a burstenness, or rupture	l'ernia, l'allentatura
the king's evil	la scrofola
an ancome	un fignolo, cicciolo
a bile	un' ulcera
the piles	le moroidi
an imposthume	una postema
a tetter, or ringworm	formica, spezie di malattia
a pimple	una pustula
freckles	la lentiggine, le lentiggini
the lethargy	il letargo, la letargia, la sonnolenza
a cold	l'infreddatura
hoarseness	le raucedine, la fiochezza
the asthma	l'asma

a wart, a wen | un porro, bozzetta callosa che nasce su la pelle
a bunch, or swelling on the back | la gobba
syrup | lo sciroppo
a tincture | una tintura
an onguent | un unguente
a bolus | un boccone
spirits | lo spirito
a powder | una polvere
a blister | un vescicatorio
cupping | attaccar le coppe, ventose
a leech | una mignatta, una sanguisuga
volatile salt | sal volatile
a quintessence | una quintessenza
a plaister | un impiastro, o ceratto
a wafer | l'ostia
hartshorn | corno di cervo
a glister | un serviziale, uno cristere
ointment | la unzione
an issue | un cauterio
a pill | una pillola
medicinal herbs | i semplici
the bagnio | il bagno

Of the Senses. — De i sensi.

THE sight | LA vista
the hearing | l'udito
the smell | l'odorato
the taste | il gusto
the touch, or feeling | il tatto
common sense | il senso comune
the light | il lume, la luce

PER GL' ITALIANI.

colour	il colore
darkness	le tenebre, l'oscurità, il bujo
a shadow	l'ombra
a dream	un sogno
a sound	un suono
the voice	la voce
whispering	il bisbiglio, il susurro
noise	lo strepito, il rumore
a scent, or smell	l'odore
a sweet smell	l'odor buono
a stink	l'odor cattivo, il puzzo
a relish, a flavour	il gusto, il sapore
hunger	la fame
thirst	la sete
loathing	la nausea
heat	il caldo
cold	il freddo
the fancy	la fantasia
the memory	la memoria
laughter	il riso, pl. le risa
weeping	il pianto
a sigh	un sospiro
singing	il canto, il cantare
watching	la veglia, il vegliare
sleep	il sonno, il dormire
snorting	il russare, il ronfare

Of the Understanding, the Will, and the Passions.	Dell' Intelletto, della Volontà, e delle Passioni.
THE mind	LA mente
the understanding	l'intelletto, il conoscimento, l'intendimento
The reason	la ragione

kno-

knowledge	la scienza, il sapere
ignorance	l'ignoranza
judgment	il giudizio, l'avvedimento
counsel	il consiglio, l'avviso
opinion	l'opinione
an error, a mistake	l'errore, l'inganno, lo sbaglio
faith, or belief	la fede, la credenza
loyalty	la lealtà
wisdom	la sapienza, la saviezza, il senno
folly	la pazzia, la stoltizia
silliness, simplicity	la sciocchezza
a suspicion	il sospetto
jealousie	la gelosia
the will	la volontà, la voglia, il beneplacito
liberty	la libertà
licence	la licenza
the affections, or passions	gli affetti, le passioni
fear	il timore, la paura, la tema, o temenza
trust	la fiducia
shame	la vergogna, il rossore
boldness	l'ardire, l'ardimento, l'audacia, o presunzione
mirth	l'allegrezza, la festa, la gioja
sadness	l'attristamento, la mestizia, il contristamento
anger	l'ira, la stizza, l'indignazione
gentleness	l'umanità, la benignità, la cortesia, la gentilezza

love

love	l'amore, l'affezione, la benevolenza
hatred	l'odio, l'abborrimento, il rancore
mercy	la misericordia, la compassione, la pietà
indignation	l'indegnazione, lo sdegno, il disdegno
envy	l'invidia, l'astio
good-will, favour	il gradimento, la grazia, la benevolenza
emulation, or jealousy	l'emulazione, la competenza, la gara
scorn, contempt	lo spregio, lo sprezzo, il dispregio
constancy	la costanza, la fermezza, la perseveranza
impatience	l'impazienza
hope	la speranza, la speme
despair	la disperazione, il disperamento
grief	il dolore, il duolo
pleasure	l'allegrezza, il piacere, il diletto

Of Virtue and Vices. — Delle Virtù e de i Vizj.

Virtue	La virtù
charity	la carità
justice	la giustizia
temperance	la temperanza
valour, courage	il valore, il coraggio
prudence	la prudenza
chastity	la castità, la continenza
modesty	la modestia

bash-

bashfulness	la verecondia
civility	la civiltà, l'urbanità
soothing	l'accarezzamento
truth	la verità
sincerity	la sincerità, la schiettezza
liberality	la liberalità
godliness	la devozione, la pietà
honesty	l'onestà
concord	la concordia
friendship	l'amicizia
thankfulness	la gratitudine
industry	l'industria
diligence	la diligenza
patience	la pazienza, la sofferenza
peace	la pace
manners	le maniere
custom, usage	il costume, la consuetudine
prosperity	la prosperità
happiness	la felicità
a reward	il premio, il guiderdone
an alms	la limosina
a gift, a present	un dono, un donativo, o presente
honour	l'onore
pardon	il perdono
a jest, or witty saying	la barzelletta, lo scherzo, il motto
a pun	un bisticcio
wit	spirito
vice	il vizio
wickedness	la scelleratezza, la ribalderia
meekness	la mansuetudine
deceit	la fraude, l'inganno, la truffa
guile	

guile	il dolo, la trama
craft	l'astuzia, la malizia
a rogue	un bricone
a knave	un furbo
meanness	la bassezza
baseness	la viltà
a glutton	uno ghiottone, uno leccardo, un ingordo
gluttony	la ghiottoneria
drunkeness	l'imbriachezza, l'ebbrietà, l'ubriacchezza
wantoness	la lussuria
lewdness	la dissolutezza
adultery	l'adulterio
a harlot	una concubina
a whore	una puttana, o meretrice
pride	la superbia l'orgoglio, l'alterigia
a lye	la bugia, la menzogna
sauciness	la protervia, la petulanza, l'arroganza
a busy-body	l'affannone, il faccendone
a trifler	un burlone, un cianciatore, o motteggiatore
trifles	le ciance, le frascherie
riotousness	il lusso, lo sfoggio
prodigality	la prodigalità
squandering	lo scialaquamento
covetousness	l'avarizia, la spilorceria
rashness	la temerità, la presunzione
cowardice	la codardia, la poltroneria
sloth	la pigrizia
laziness	la dappocaggine
stubborness	la contumacia, l'ostinazione

fickle-

ficklenefs	l'incoſtanza, la volubilità
a grudge	la ripugnanza, il rincreſcimento
unthankfulnefs	l'ingratitudine, la ſconoſcenza
ungodlinefs	l'impietà, l'empietà
luſt	la libidine, la concupiſcenza
cruelty	la crudeltà
ſtrife	la diſputa, la conteſa, il dibattimento
war	la guerra
a pratler	un cicalone, un garrulo, o parabolano
babling, or pratling	il cicaleccio
a thief	un ladro, un mariolo
a murderer	un aſſaſſino
a robber	un malandrino
a church-robber	un ladro di chieſa, un ſacrilego
adverſity	l'avverſità, il frangente, la ſciagura
a rake-hell, a villain	un furfantello, un furbetto, il forca
punishment	il punimento, la punizione, il caſtigo, la pena

Of Parents, and Kindred. *Della Parentela, ed Affinità.*

A Genealogy — LA genealogia
a Kin — il parente, il congiunto
anceſtors — gli antenati
poſterity — i poſteri, i diſcendenti, la poſterità

the

the father.	il padre.
the mother.	la madre.
the parents.	i genitori, il padre, e la madre.
the grandfather.	il nonno.
the grandmother.	la nonna.
the children.	la figliuolanza, i figliuoli.
the son.	il figlio, il figliuolo.
the daughter.	la figlia, la figliuola.
the grand-son.	il nipote.
the grand-daughter.	la nipote.
the brother.	il fratello.
the sister.	la sorella.
twins.	i gemelli.
the brother by te same father.	il fratel carnale, cioè nato del medesimo padre, il germano.
the brother by the mother's side.	il fratello uterino.
the father-in-law.	il suocero.
the mother-in-law. } by marriage.	la suocera.
the son-in-law.	il genero.
the daughter-in-law.	la nuora.
the brother-in-law, the husband's brother.	il marito della sorella, o il fratello della moglie, il cognato.
the sister-in-law, the husband's sister.	la cognata, cioè la sorella della moglie, o la moglie del fratello.
brothers wives.	cognate, cioè le mogli di due fratelli.

a step-father.	un padrino.
a step-mother.	una madrigna.
a step-son.	un figliastro.
a step-daughter.	una figliastra.
an uncle by the father.	il zio per canto di padre.
an uncle by the mother.	il zio per canto di madre.
an aunt by the father.	la zia per canto di padre.
an aunt by the mother.	la zia per canto di madre.
te nephew, or niece.	il nipote, e la nipote.
the cousin-german by the father.	il cugino per canto di padre, cugino carnale.
the cousin-german by the mother.	il cugino per canto di madre, cugino germano.
kin by marriage.	il parente, l' affine.
wedlock.	il matrimonio.
marriage, or wedding.	le nozze.
the housband.	il marito.
the wife.	la moglie.
a bridegroom.	uno sposo.
a bride.	una sposa.
the bride-maid.	la pronuba.
a lover.	l'amante, l' amoroso, l'innamorato.
a single person.	lo scapolo, lo smogliato.
a worman's portion, or fortune.	la dote.
a bride chamber.	il talamo, la camera nuzziale.
a widower.	un vedovo.
a widow.	una vedova.
a bastard.	un bastardo, il figlio naturale.
an orphan.	l'orfano, il pupillo.
an heir.	l' erede.
an heiress.	la erede.

a master.	il padrone, il signore.
a servant.	il servitore, il famiglio, il fante.
the master of the house.	il padron di casa.
the mistress of the house.	la padrona di casa.
a woman in child bed.	la donna di parto.
a midwife.	una levatrice, una comare.
a nurse.	una balia, una nutrice.
an host and a guest.	l'ospite, chi alloggia, e chi è alloggiato.

Victual and Things belonging to a Kitchen.   De' Cibi, e delle cose appartenenti alla Cucina.

FOOD. victuals.	LA vettovaglia. il vitto.
fine flower.	il fior di farina.
bread.	il pane.
crust.	la crosta, la corteccia.
crum.	la midolla, la mollica.
a crum of bread.	il bricciolo, la bricciola, o minuzziolo.
meat.	la vivanda, il cibo, la carne.
any thing that is eaten with bread.	il companatico.
beef.	la vaccina, la carne di bue, o di vacca.
veal.	la vitella.
mutton.	il montone, del castrato.
lamb.	l'agnello.
fowls, the *French* gibier.	l'uccellame.
pork.	la carne porcina, del porco.

poultry, fowl.	il pollame.
venison.	la salvaggina, la salvatícina, il salvaggiume.
bacon.	il lardo.
a gammon of bacon.	il prosciutto, o prosciutto.
minc'd-meat.	il cibreo.
a fricassee.	la fricassea.
roast-meat.	l'arrosto.
boil'd-meat.	il lesso.
an egg. pl. eggs.	l'uovo, pl. l'uova.
cheese.	il cascio, il formaggio.
butter.	il butirro, il burro.
cream.	il fior di latte.
salt.	il sale.
mustard.	la mostarda.
a salt-seller.	la saliera.
pap.	la pappa, il pancotto.
water-gruel.	la farinata.
a tart.	una torta.
an apple-pye	una crostata.
pottage, or broth.	il brodo.
soop.	la minestra.
a gut-puddign.	una mortadella, un salsicciotto.
a sausage.	una salsiccia.
pudding.	il podino.
a bag-pudding.	un podino bollito.
a black-pudding.	un sanguinaccio.
a cake.	una focaccia, una schiacciata.
a fritter, or pancake.	una fritella.
sweet-meats.	le confetture.
the desser.	il pospasto, le frutta.
vinegar.	l'aceto.
the sugar-box.	la zuccheriera.

the

the pepper-box.	la pepajuola.
a tea-table.	una tavoletta da Tè.
a tea-spoon.	un cucchiarino.
a tea-kettle.	una caldaina.
a tea-pot.	l'orciolo da Tè.
the spout.	il beccuccio.
a sugar-pot.	l'orciolo dello zucchero.
a dish.	una tazza.
a saucer.	un piattino.
a pair of tongs.	le mollette.
a strainer.	un mestolino.
boiling-water.	l'acqua bollente.
a bason.	un bacino, un bacile.
oil.	l'olio, l'oglio.
sallad.	l'insalata.
a flesh-pye.	un pasticcio di carne.
a mess.	il servito.
a morsel, or mouthful.	un boccone.
breakfast.	la colezione.
dinner.	il desinare, il pranzo.
collation.	la merenda.
supper.	la cena.
revelling.	lo stravizzo.
a feast.	un convito, o banchetto.
a guest.	un convitato, o commensale.
a banquet.	un banchetto, o pasto solenne.
a carve.	un trinciante.
a table.	una mensa, o tavola.
the first course.	il primo servito.
the second course.	il secondo servito.
the table-cloth.	la tovaglia.
a napkin, or towel.	un tovagliuolo, una salvietta.

a spoon.

a spoon.	un cucciaro.
a knife.	un coltello.
a fork.	una forchetta.
a plate, knife, fork, spoon, and napkin.	una posata.
the side-board.	la credenza.
a dining-room.	una sala.
the taste.	il gusto, il sapore.
the flavour.	l'odore.
a dish.	un piatto reale.
a plate.	un piatto, un tondino.

Of Drinkables.   Della Bevanda.

Drink.	La bevanda, il bere.
wine.	il vino.
this year's wine.	il vino di quest' anno.
wine two years old.	il vino vecchio di due anni.
wine three years old.	il vino vecchio di tre anni.
new wine.	il mosto, il vin nuovo.
wine and honey mixt toghter.	il vino melato.
pure wine.	il vino puro, il vin pretto.
wine in which there is some water.	il vin anacquato.
pall'd, or dead wine.	la cerboneca, o vino svanito.
beer, or ale.	la birra, la cervogia.
malt.	orzo preparato a far birra.
hops.	il rovistico, il luppolo.
dregs.	la feccia, il fondaccio.
any kind of cup.	il nappo, una giara.
a bowl.	una coppa.
a great cup.	una coppa, o un nappo.
a little pot, or cup to drink out of.	una tazza.

a drin-

a drinking-glass.	un bicchiere.
a vial.	una caraffa, una guastada.
a little vial.	una caraffina, una guastadetta.
the cork.	il turacciolo.
the screw.	lo sturacciolo.
a flash.	un fiasco.
a bottle.	una bottiglia.
a flagon.	una fiasca, un barilotto.
the butler.	il canovajo.
the cup-bearer.	il coppiere.

Of Cloathing, and of Colours.
Del vestire, e de' Colori.

WOOL.	LA lana.
woollen-cloth.	il panno.
plush.	la felpa.
drugget.	il droghetto.
serge.	la saja.
stuff.	la stoffa.
worsted.	lo stame.
flannel.	la fanella.
hair.	il pelo.
camblet.	il ciambellotto.
flax.	il lino.
linen.	la tela.
cambrick.	la cambraja.
a veil.	un velo.
hemp.	la canapa.
tow.	la stoppa.
thread.	il filo.
lace.	il merletto.
fringe.	la frangia.
cotton.	il cotone, la bambagia.

callicoe.	il bambagino.
fuſtian.	il fuſtagno.
ſilk.	la ſeta.
ſilk-cloth.	il drappo, la ſtoffa di ſeta.
velvet.	il velluto.
ſattin.	il raſo.
damash.	il damaſco.
luſtring.	il luſtrino.
taffety.	il taffettà.
ribbon.	il naſtro, la fettuccia.
galoon.	il gallone.
ſcarlet-cloth.	lo ſcarlatto.
brocade.	il broccato.
colour.	il colore.
white.	bianco.
black.	nero, negro.
green.	verde.
ſea-green.	ceruleo.
linght-green.	verdechiaro, verdegajo.
dark-green.	verdebruno.
yellow-green.	verdegiallo.
blue.	turchino.
azure.	azzurro.
ski-blue	cileſtro.
milk-blue.	turchino chiaro.
purple colour.	pavonazzo.
light colour.	porporino.
red.	roſſo.
crimſon.	cremeſino.
ſcarlet.	ſcarlatto,
yellow.	giallo.
grey.	grigio.
dark-grey.	grigioferro.
ash-colour.	cenerino, bigio.
roſe colour.	roſato, roſeo.

milk-

milk-colour.	lattato.
pearl-colour.	perlato.
greenish.	verdiccio.
yellowish.	gialliccio.
brown.	bruno.
light.	chiaro.
lively.	vivo, vivace.
pale.	morto.
pale.	pallido, smorto.
bright.	lucido, brillante.
grave.	grave.
gay.	gajo, allegro.
flowered.	fiorato.
embroidered.	ricamato.
laced.	gallonato.
quilted.	trapuntato.
strip'd.	listato.
water'd.	ondato.
scollop'd.	ondeggiato.
a suit of cloaths.	un abito, il vestimento, pl. ti, ta.
a woolen-suit.	un abito di lana.
a silken-suit.	un abito di seta.
an embroider'd suit.	un abito ricamato.
mourning-cloaths.	il bruno.
a hat.	un capello.
a peruke.	una parrucca.
a cap.	un berretto, una berretta.
a stay to tye under the chin to keep ones cap on.	il nastro per tener legato sotto il mento il cappello, o berretto.
a fillet.	la banda, e il nastro da legare i capelli.
a fan.	un ventaglio.
a mu.	un manicotto.

a coif.

a coif.	una cuffia, o scuffia.
a hood.	uno scuffino.
an ear-ring.	un orecchino.
a tippet.	una palatina.
pendents.	i pendenti.
a necklace.	una colla, un vezzo.
a chain.	una catena.
a bracelet.	la smaniglia, la maniglia.
a precious-stone.	una pietra preziosa, una gemma, una gioja.
a pearl.	una perla.
a ring.	un anello.
a weddin-ring.	la fede.
the beazel, or beasel of a ring.	il castone.
a neckerchief.	un fazzoletto da spalla.
a cravat.	una crovatta.
a shirt, or smock.	una camiscia, o camicia.
a wastcoat.	una camiciola.
a long gown.	una toga.
a gown, or manteau.	un mantò.
the upper-petticoat.	la vesta, la gonna.
the petticoat.	la sottana, il sottanino.
the hoop-petticoat.	il guardinfante.
the under-petticoat.	il guarnello, la gonnella.
the quitied-petticoat.	il sottanino trapuntato.
a man's coat.	un giustacore.
a sleeve.	una manica.
a cloak.	un ferrajuolo, un mantello, un tabarro.
a compaign'coat.	un gabbano.
a riding-coat.	un palandrano.
a pair of breeches.	i calzoni.
a string, a lace.	una stringa.
the tag.	il puntale.

a bu-

a buckle.	una fibbia.
a clasp.	un fermaglio.
the tongue of a buckle.	l' ardiglione.
the girdle.	la cintola, il cingolo, la cintura.
the skirt.	l' orlo.
fringe.	la frangia.
an apron.	un grembiale, un zinale.
a glove.	un guanto.
stockings.	le calze, le calzette.
a button.	un bottone.
the button-hole.	il bottoniere.
a garter.	una ligaccia, un cinturino, un cintolino.
a boot.	uno stivale.
a spur.	lo sperone, lo sprone.
a buskin, a kind of shoe.	uno stivaletto, un borzacchino.
socks.	gli stivaletti, il socco, il coturno.
a shoe.	la scarpa.
the shoe-string, or shoe-lateche.	la coreggina, la coreggia delle scarpe.
the slippers.	le pianelle.
a handkerchief.	un fazzoletto.
a purse.	una borsa.
a belt.	un pendaglio, un cinturone.
stilts.	i trampoli.

Of Buildings. Degli Edificj.

A City. UNA città.
the gate of a city. la porta d'una città.
the walls of a city. le mura, i muri, le muraglie d'una città.

the

the fortifications.	le fortificazioni.
a bridge.	un ponte.
a draw bridge.	un ponte levatojo.
a timber-bridge.	un ponte di legno.
a rampier, or rampart.	un baslione, o terrapieno.
the common-shore.	la cloaca, la fogna, la chiavica.
a tower.	una torre.
the fort, or cittadel.	la rocca, la cittadella, la fortezza.
the street.	la strada.
a narrow street.	un vicolo.
a narrow street without any passage through.	un chiassuolo.
a house.	una casa.
the wall of a house.	la muraglia, il muro della casa.
a stone.	una pietra.
a brick.	un mattone.
chalk, or lime.	la calcina.
mortar.	la calcina, o morter.
rubbish.	il calcinaccio.
a window.	una piastra.
a chink.	una fessura, o fenditura.
the lattice.	l' inferata, la gelosia.
the house-door, or gate.	la porta, l' uscio.
the chamber-door.	l' uscio di camera.
the back-door.	la porta, o l'uscio di dietro.
the folding-door.	l' uscio, o porta, che s'apre in due parti.
a knocker.	un bussatore, o battente.
the threshold.	la soglia.
a post.	un' imposta.
a hinge.	un cardine, un arpione, un gangbero.

a bolt.

a bolt.	un chiavistello, un catenaccio.
a lock.	una serratura.
a key.	una chiave.
a bar.	una sbarra.
the roof, the top.	il tetto.
the eaves of an house.	la gronda.
a shingle.	un' assicella.
a tile.	un tegolo, una tegola.
a gutter receiving the rain of divers roofs.	una grondaja grande.
a hollow-tile, a gutter-tile.	un embrice.
a boar, or plank.	un asse.
a little board, or a laht.	l'assicella, la tavoletta.
a beam.	un trave, una trave.
a long pole.	un perticone, una pertica.
a rafter.	una travatura.
a joist.	un travicello.
a court-yard.	un cortile.
the fore-front of an house.	la facciata.
a pillar.	una colonna.
a pilaster.	un pilastro.
the cornice.	la cornice.
the frezze.	il fregio.
the architrave.	l'architrave.
the chapter, or capital.	il capitello.
the shaft, or shank of a pillar.	il fuso, e il fusto della colonna.
the base of a pillar.	la base della colonna.
the pedestal.	il piedestallo.
the porch, or entry to a house.	il portico, l'antiporto.
the hall.	l'andito, l'androne.
a room.	una camera. the

the anti-chamber.	l'anticamera.
the dining-room.	la sala.
there drawing-room.	la sala d'udienza.
there is a drawing-room.	la corte.
a bed-chamber.	una camera da letto.
the inner-part of a house.	il gabinetto.
a study.	uno studio.
the gallery, or balcony.	la galleria, la loggia, e il balcone.
the kitchen.	la cucina.
the bake-house.	il mulino.
the oven.	il forno.
the buttery, or store-house.	la dispensa.
the cellar.	la cantina.
the house of office.	il cesso, il necessario, il privato.
the floor.	il piano, cioè primo, secondo, terzo piano.
the stairs.	le scale.
a pair of winding-stairs.	la scala a chiocciola, a lumaca.
an arch.	un arco.
the cieling, or roof of a chamber.	il soffitto, la soffitta.
a story.	un palco.
the chimney.	il cammino.
the hearth, or stove.	il focolare.
an inn.	un albergo, l'alloggiamento.
a tavern.	una caverna.
a victualling-house.	un'osteria.
a cook's shop.	una bottega di cuoco.
a shop.	una bottega.

an

an hospital for poor strangers.	un ospizio.
an hospital for poor sick people.	uno spedale.
the market-place.	la piazza, il mercato.
a common place, where things are sold, or where court are kept.	la piazza pubblica delle mercanzie, il foro.
the market for oxen.	il mercato de' buoi.
the fish-market.	la peschiera.
the herb-market.	la piazza dell' erbe.
the market for swine.	il mercato de' porci.
un house of correction.	casa di correzione.
the prison, or jayl, or gaol.	la prigione, la carcere.
a play-house.	un teatro.
a king's-palace.	un palazzo, o palagio reale, la reggia.
a palace.	un palazzo, o palagio.
a cottage.	una capanna.
a stable.	una stalla.
a manger.	una mangiatoja.
a portico, or piazza.	un portico.
a temple, or church.	un tempio, una chiesa.
a chapel.	una cappella.
the vestry.	la sacristia, la sagrestia.
the church-yard.	il cimitero.
a pulpit.	il pulpito.
a bell.	una campana.
a hut.	una baracca.
a poor little house.	un tugurio.
a tent.	una tenda.
a pavilion.	un padiglione.
a shelter.	un coperto.

Of Houshold Furniture.   Delle Masserizie.

Houshold-goods.	La masserizia.
a chair.	una sedia, o seggiola.
a stool.	uno sgabello.
a bench.	una cassapanca.
a cushion.	un cuscino.
a bed.	un letto.
a bedstead.	una lettiera.
the bed-curtains, a canopy.	il cortinaggio.
a curtain.	una cortina.
a mattress.	un materasso, una materassa.
a quilt.	la materassa di lana.
a flock-bed.	una coltre.
a feather-bed.	una coltrice, o materassa di piuma.
a bolster.	un capezzale.
a pillow.	un origliere, o guanciale.
a mat.	una stuoja.
a blanket.	una coperta.
a rug.	una schiavina.
the sheets.	le lenzuola, i lenzuoli.
a cradle.	la cuna, una culla.
a coffer, a chest.	un cofano.
a box, or little trunk.	una cassetta, un forzierino.
a trunk cover'd with leather.	un forziero, o forziere.
a ladder.	una scala a piuoli.
a box.	una scatola.
a press.	un armario.
an escritoire.	uno scrittorio, uno scrigno, o studiolo.
the desk.	il seggio.

a ca-

a case.	una guaina.
a looking-glass.	uno specchio.
tapestry-hangings.	la tappezzeria.
a carpet.	una carpita.
a table-carpet.	un tappeto.
a grate.	una grata.
a fire-shovel.	una paletta.
a pair of tongs.	le molle.
a pair of bellows.	un soffietto.
a fire-fork.	una forcinella.
a table-fork.	una forcina.
a picture.	un quadro, una pittura.
Of Things belonign to à Kitchen.	Gli strumenti da Cucina.
A Spit.	UNo spiedo, o schiedone.
a kettle.	una caldaja.
a shellet.	un padellino.
a chafing-dish.	uno scaldavivande.
a tinder box, or steel.	un battifuoco, un focile, l'acciarino.
the tinder.	l'esca.
a match.	un zolfanello.
a frying-pan.	la padella.
a flesh-hook.	una forcinella.
a skimmer.	uno schiumerello.
a grater.	una grattugia.
a strainer, or cullender.	un colatojo.
a ladle.	una mestola.
a mortar.	un mortajo.
a pestle.	un pestello.
a dis-clout.	un forbitojo, uno strofinaccio.
a sponge.	una spugna.
a belom, or broom.	una scopa.

M file

file dust. | la limatura.
saw-dust. | la segatura.
a pot, or seething-pot. | la pentola.
a little pot, or pipkin. | un pentolino.
a pitcher. | un orcio.
a bucket, or pail. | una speccbia.
the handle. | il manico.
the lid, or cover. | il coperchio.
a candlestick. | un candeliere.
a candle. | una candela.
a lamp. | una lucerna, una lampana, o lampada.

a wax-taper. | un cero.
a flambeau, or torch. | una torcia.
the match of a lamp, or the wick of a candle. | il lucignolo, lo stoppino.
a lanthorn. | una lanterna.
a vessel. | un vaso.
a tub. | un tino.
a tun. | una botte.
a kilderkin. | un barile.
the tap. | il turacciolo.
a wooden-tup. | un zaffo.
a cock. | una cannella.
a wimble, a piercer. | un succhiello, un trapano.
the funnel. | l'imbuto, l'imbottatore.
a great twig-basket. | un cestone, o corbello.
a basket to put fruit, flowers, or womens work in. | un paniere.
a frail. | una sporta.
a panier, or breadbasket. | un canestro, la corba.
a basket used chiefly as a stranier in wine-pres- | uno spremitojo, vaso, che s'adopra come uno staccio,

ses, and brew-houses.	cio, dove si spreme il vino, e dove si fa la birra.
a press.	uno strettojo.
a wallet.	una bisaccia, o scarsella.
spectacles.	gli occhiali.
a comb.	un pettine.
a brush.	una scopetta, o spazzola.
a curling-iron.	calamistro, ferro per arricciar capelli.
a bodkin.	un ago da testa, il foratojo, il dirizzatojo.
a thimble.	un ditale.
a needle.	un ago.
the needle's-eye.	la cruna dell' ago.
a pin.	una spilla.
a distaff.	una conocchia, o rocca.
a spindle.	un fuso.
a little whern, o whirl.	un fusojuolo.
the flax, or wool that hangs from the distaff.	la conocchia, il pennecchio.
a reel. (thread.	un filatojo.
a bottom of yarn, or	un gomitolo.
a pair of shears, or scissars.	le cesoje, le forbici.
a tooth-pick.	uno stuzzicadenti.
an ear-pick.	uno stuzzicaorecchie.
a seal.	un sigillo.
a seal-ring.	un anello sigillare.
a coat of arms.	l'arme gentilizia, l'arme.
sealing-wax.	la ceralacca.
Of Things belonging to Schools, and to Books.	Delle cose spettanti alla suola, ed a' Libri.
THE School.	LA scuola.
a grammar school.	una scuola di grammatica.

M 2   a list.

a fencing school.	una scuola di scherma.
a school-master.	un maestro di scuola.
a master, or tutor.	un precettore.
an usher.	un sottomaestro.
a scholar.	un discepolo, uno scolare, o scolaro.
a school-fellow.	un condiscepolo.
a boarder, or fellow-boarder.	un convittore.
a form, or class.	una classe.
the seat.	il banco.
the schooling-the school-master's pay.	lo stipendio, che si dà al maestro.
the holy-days.	le vacanze.
the aching.	l'instruzione.
education.	l'educazione.
an art, or science.	un'arte, o scienza.
learning.	la dottrina, o scienza.
a book.	un libro.
a paper-book.	un libro di carta.
a book of accounts.	un libro de' conti.
a little book.	un libretto.
a leaf.	un foglio.
a side, a page.	una pagina, una facciata.
the backside of the leaf.	il rovescio della facciata.
the margin.	il margine.
the cower of a book.	la coperta di un libro.
a volume.	un volume.
a library.	una libreria, o biblioteca.
a bookseller.	un librajo.
a copyer, or printer.	un copista, o uno stampatore.
writing-tables.	un libro di memoria.
the stille, or pin.	lo spillo, lo stilo.
paper.	la carta.

fair-

fait-paper, not written upon.	la carta bianca.
royal-paper, or imperial-paper.	la carta reale, o imperiale.
fine-paper.	la carta fina.
common writing-paper.	la carta comune.
courfe-paper, pack-paper.	la carta da invoglio.
paper that finks.	la carta fugante.
a sheet of paper.	un foglio di carta.
a piece of paper.	un pezzo di carta.
a quire of paper.	un quaderno di carta.
parchment.	la carta pecora, la pergamena.
parchement ruled with lead.	la carta pecora rigata col piombo.
a black-lead-pencil.	uno ftile di piombo.
a rule.	una riga.
a line.	una linea.
a pen.	una penna.
the nib of a pen.	la punta della penna.
the slit of a pen.	la fenditura della penna.
a pen-knife.	un temperino.
a pen-cafe.	un pennajuolo.
ink.	l'inchioftro.
an ink-horn, or ftandish.	un calamajo.
a fault.	un errore, uno sbaglio.
a blot.	uno fcorbio.
foul-paper.	lo ftracciafoglio.
a day-book.	una vacchetta.
a letter.	una lettera.
a fyllabe.	una fillaba.
a word.	un vocabolo, una parola, una voce.
a fpeech.	il parlare, il difcorfo.
a propofition.	una propofizione.

a phrase, or expression.	una frase, l' espressione.
a pun.	un bisticcio.
an equivocation.	un equivoco.
a period.	un periodo.
a point.	un punto.
a comma.	una virgola.
a latin exercise, when is it set.	un tema.
an exercise when it is done.	la versione.
a theme.	un tema.
a sentence, a wise saying.	una sentenza, un detto.
prose.	la prosa.
verse.	il verso.
the master's lecture, or reading to his scholars.	la lezione.
a task.	l' imposto.
reading.	la lettura.
construing.	la costruzione, la spiegazione.
parsing.	la revisione.
an orator.	un oratore.
a poet.	un poeta.
a proverb.	un proverbio.
an history.	un' istoria, o un' isloria.
a fable, or tale.	una favola, o una novella.
a kalendar, or almanack.	un calendario, un almanacco, o lunario.
one given to study, a lover of learning.	un amator dello studio, uno studioso.
a boy of a good capacity.	un fanciullo di buona indole.
a dunce.	un balordo, uno stupido.
a truant.	un fuggiscuola.
a rod.	una verga, una bacchetta,

a sc-

a ferula.	una sferza, una frusta.
a severe master.	un maestro rigido.

Of the Liberal Arts and Sciences.	Delle Scienze, e delle Arti Liberali.
Divinity.	La teologia.
a divine.	un teologo.
philosophy.	la filosofia.
a philosopher.	un filosofo.
grammar.	la grammatica.
a grammarian.	un grammatico.
rhetorick.	la rettorica.
eloquence.	l'eloquenza.
a master of rhetorick.	} un rettore, un retto-
a master of eloquence.	rico.
a lawyer.	un legista.
logick.	la logica.
a master of logick.	un logico.
a sophist.	un sofista.
an historian.	un istorico, uno storico, un istoriografo.
a mathematician.	un matematico.
arithmetick.	l'aritmetica, l'abbaco.
an arithmetician.	un aritmetico, un abbachista.
a number.	un numero.
astronomy.	l'astronomia.
an astronomer.	un astronomo.
astrology.	l'astrologia.
an astrologer.	un astrolago, un astrologo.
geometry.	la geometria.
a geometrician.	un geometra, un geometro.
geography.	la geografia.
a geographer.	un geografo.

chi-

chirurgery.	la chirurgia.
a surgeon.	un cerusico, un chirurgo.
musick.	la musica.
a musician.	un musico, un maestro di cappella.
a writer of tragedies.	un poeta tragico.
a writer of comedies.	un poeta comico.
a lyrick-poet.	un poeta lirico.
painting.	la pittura.
a painter, or picture-drawer.	un pittore.
a limner.	un miniatore.
a limning-piece.	una miniatura.
a face painter.	un ritrattista.
a portraiture.	un ritratto.
half-length, a head.	mezza figura, una testa.
sculpture.	la scultura.
a sculptor.	uno scultore.
architecture.	l'architettura.
an architect.	l'architetto.
a statuary, a statue.	uno statuario, una statua.
a bust.	un busto.
a building.	una fabbrica, un edificio.
Of the Mechanical Arts.	Delle Arti mecaniche.
AN artificer, or tradesman.	UN Artefice, o artigiano.
an armourer.	un armajuolo.
arms, or weapons.	le arme, le armi.
an arrow.	una freccia, una saetta, uno strale.
a bow.	un arco.
the string of a bow.	la corda dell'arco.
a sword.	una spada.
any weapon that is thrown with the hand.	ogni sorta d'arme, che si lancia con la mano.

a dart,

a dart, or javelin.   un dardo, un giavellotto.
a spear, or pike.   una lancia, o una picca.
a baker.   un fornajo.
a barber.   un barbiere.
a barber's-shop.   una barbiera.
a razor.   un rasajo.
a hone.   una cote, una pietra da olio.
a black-smith.   un fabbro.
a lock-smith.   un magnano, un chiavaro.
a forge.   una ferriera, o fucina.
an anvil.   un' ancudine.
a hammer.   un martello.
a file.   una lima.
a brasier.   un calderajo.
a brick-layer, or mason.   un muratore.
a trowel.   una cazzuola, o melosta.
a butcher.   un beccajo.
a carpenter.   un legnajuolo, o falegname.
a saw.   una sega.
an ax, or hatchet.   un' accetta, una manna-
                             ja, o scure.
a plane.   una pialla.
a wedge.   una bietta, un cavicchio.
a pair of compasses.   il compasso, le feste.
a square.   un regolo, una squadra.
glue.   la colla.
a nail.   un chiodo.
a swalow, or dustail.   la spranga.
a chandler.   un candelottajo.
a cobler.   un calzolajo.
a collier.   un carbonajo.
a cook.   un cuoco.
a cooper.   un bottajo.
a costard-monger.   un fruttajuolo.
a cutler.   un coltellinajo.
                           a sword

a sword cutler,	uno spadajo.
a dancer,	un ballerino.
a dyer.	un tintore.
a farrier.	un maniscalco.
a horse-shoe.	un ferro da cavallo.
a fiddler.	un sonatore.
a fiddle.	un violino.
a fiddle-string.	una corda d'uno strumento.
the quill.	il plettro.
the bow.	l'archetto.
a fuller.	un cavamacchie.
a currier.	un pellicciajo.
a glass-maker, or a glasier.	un vetrajo.
a goldsmith.	un orafice.
a grocer.	un droghiere.
a hatter.	un cappellajo.
an herb-seller,	un erbajuolo.
a hosier.	un calzettajo.
a jugler.	un bavco, giuntatore.
a laundress,	una lavandaja.
soap.	il sapone.
a wash-ball.	una saponetta.
a letter-carrier,	un portalettere.
a courier.	un corriere.
an express.	una staffetta.
a letter, or epistle.	una lettera, o una pistola.
a miller.	un mugnajo.
a mill.	un mulino.
a mill-stone.	una macina.
a mountebank,	un cantambanco, un ciarlatano.
an oil-seller.	un oliandolo.
an house painter.	un imbiancatore.
a pencil.	un pennello.

a pro-

a profumer,	un profumiere.
a pewterer,	uno stagnajo.
a pipier, or player on the flute.	un flautista.
a flute.	un flauto.
a player on the lute,	un cererista, che suona la cetera.
a lute.	una cetera, un liuto.
an harp.	un' arpa.
a note, or a tone,	una nota, o tono.
a tune.	una sonata.
harmony.	l'armonia.
a plumber.	uno stagnajo.
a porter,	un facchino.
a potter.	un vasajo, e vasellajo.
earthen-vessels.	le stoviglie.
a poulterer.	un pollajuolo.
a rope-dancer.	un ballator di corda.
a rope-maker.	un funajo, o funajuolo.
a shoe-maker.	un calzolajo.
an awl.	una lesina.
tanned or dressed leather,	il camoscio.
a stage-player.	un commediante, un istrione.
a prompter,	un suggeritore.
a stage.	un teatro.
a stone-cutter.	uno scarpellino.
a tanner.	un conciatore.
a taylor.	un sarto.
a victualler.	un oste, o tavernajo.
a vintner.	un vinattiere.
a weaver,	un tessitore.
a loom.	un telajo.
a weaver's beam,	un subbio.
a shuttle.	una spola, o spuola.
a web,	

a web.	una tela.
the warp.	lo stame.
the woost,	la trama.
a workhman, or handycraft's man.	un lavoratore.
a wrestler.	un lottatore.

Of Dignities, of Court Places, and of Servants. — *Vocaboli delle Dignità, delle Cariche, e de' Famigli.*

AN emperor.	UN Imperadore, o imperatore.
a king.	un re.
a queen.	una regina.
a prince, a princess.	un principe, una principessa.
the groom of the stool.	il maggiordomo.
the great chamberlain.	il gran ciamberlano.
a vice-roy, a lord-lieutenant.	un vicerè.
the nobles of a kingdom.	i magnati, i pari.
the chief among the people.	gli anziani, gli ottimati.
an ambassador.	un ambasciadore.
a person of quality, of fashion.	una persona di qualità, titolata, di condizione.
a gentleman.	un gentiluomo.
a learned man.	un letterato.
a virtuoso.	un virtuoso.
the groom of the bedchamber.	il ciamberlano, il cameriere d'onore.
an auditor.	un auditore.
the secretary of state.	il segretario di stato.
a cup-bearer.	un coppiere.

a privy-counsellor.	*un consiglier segreto.*
a valet de chambre.	*un cameriere.*
a footman.	*un servitore.*
a lacquey.	*un lacchè.*
the lord-lieutenant of a country.	*il governator d' una provincia.*
the governator of a city.	*il governator d' una città.*
the lord treasurer.	*il gran tesoriere.*
a magistrate.	*un magistrato.*
the lord chief-justice.	*il luogotenente di giustizia*
the mayor, or chief magistrate in a city.	*il podestà, il pretore.*
an alderman.	*un anziano.*
a citizen.	*un cittadino.*
a patrician.	*un patrizio.*
a plebejan.	*un plebeo.*
a lawyer.	*un legista.*
a scrivener.	*un notajo.*
a recorder.	*un registratore.*
a custos rotulorum.	*l' archivista.*
a judge.	*un giudice.*
a doctor.	*un dottore.*
a beadle.	*un bidello, un mazziere, o donzello.*
a serjant, or bailiff.	*un sbirro.*
a counsellor, or advocate.	*un avvocato.*
an attorney.	*un procuratore.*
a collector, or receiver.	*un esattore, o riscuotitore.*
a fermer of any part of the publick revenue.	*un gabelliere.*
a common-cryer.	*un banditore.*
an executioner.	*il boja, il carnefice, il manigoldo.*
the general of an army.	*il general d' un' armata.*
a lieutenant-general.	*il luogotenente generale.*

a ge-

a general of horse.	un general di cavalleria.
a colonel of foot	un colonello di fanteria.
a quarter-master-geners.	un marescialla di campo.
a capitain.	un capitano.
a regiment.	un reggimento.
a company of foot.	una compagnia di fanteria
a capitain over an hundred men.	un capitano di cent' uomini.
a company of an hundred men.	una compagnia di cent' uomini.
a troop of horse.	una compagnia di cavalleria.
an ensign.	an alfiere.
a trumpeter.	un trombetta.
an army in battle-array.	un esercito squadranato.
an army marching.	un esercito, che marcia.
a battalion.	un battaglione.
a squadron.	uno squadrone.
the Pope.	il Papa.
a cardinal.	un cardinale.
an archbishop.	un arcivescovo.
a bishop.	un vescovo.
a prelate.	un prelato.
a priest.	un prete, o sacerdote.
a deacon.	un diacono.
a church-warden, or sexton.	un sagrestano.

Of naval Affairs.
Delle cose Nautiche.

A Fleet, a navy.	UN' armata navale, una flotta.
a ship, or vessel.	una nave, un naviglio, o vascello.
a merchant-man.	una nave mercantile.
a man of war.	una nave da guerra.

agal-

a galley with three banks of oars.	una galera.
a galley with two banks of oars.	una galeotta.
an admiral, or flagship.	la capitana, l'almirante.
the skiff, or cock-boat.	lo schifo.
a fisher-boat.	una barca pescareccia.
a ferry-boat.	un pontone.
a boat.	un battello, una barchetta.
a ferry-man, a boat-man.	un battelliere.
a float of timber.	una zatta, o zattera.
the keel of a ship.	la carena.
the prow, the forepart of a ship.	la prua, la prora, la proda.
the stern, or poop.	la poppa.
the beak, or beak-head, of a ship.	lo sperone.
the hulk, or hold of a ship.	il cassero, la sentina.
the helm, or rudder.	il timone.
the deck.	la corsia, la coverta.
a rower.	un galeotto, un vogatore, o remigante.
the whole crew of slaves in a galley.	il remeggio, il parlamento.
an oar.	un remo.
the seats where the rowers sit.	i banchi.
a sail.	una vela.
the sail-yard.	l'antenna.
a mast.	un albero.
the main-sail.	l'artimone, la vela maestra.
the fore-sail.	il trinchetto.
the mizzen-sail.	la mezzana.

the top-sail.	la gabbia.
a rope.	una fune, o corda.
a cable.	una gomena.
an anchor.	un' ancora.
ballast.	la zavorra, la stiva.
the master of a ship.	il nocchiero, il padrone.
the pilot.	il piloto.
a seaman, or mariner.	un marinaro.
a passenger.	un passeggiere.
the freight, or wages for carrying.	il nolo.
a shipwreck.	un naufragio.
a seaport, an harbour.	il porto, la darsena.
a sluice.	una chiesa.
a ship-wright.	un mastro di navi.
a sea-fight.	una battaglia navale.
an admiral.	nn ammiraglio.
a merchant.	un mercante, o mercadante.
the sink.	la sentina.
the compass.	la bussola.
the sounding-line.	lo scandaglio.
the pendants of a ship.	le banderuole.
the flag.	lo stendardo, il gonfalone.

Of Country Affairs.   *Delle cose Villereccie.*

THe country.	LA campagna; il contado.
a country-man.	un contadino.
a husband-man.	un agricoltore.
a farm.	un podere.
a country-house.	una possessione.
a field.	un campo.
a meadow.	un prato.
a bailiff, or steward.	un castaldo, o fattore.

a far-

a farmer.	*un colono, o mezzajuolo.*
arable-land.	*il campo, il seminale.*
a turf.	*una piota.*
a clod.	*una zolla, o gleba.*
dung.	*il letame, lo stabbio, il concime.*
a plough.	*un aratolo, o aratro.*
the plough-shear.	*il vomero.*
the coulter.	*il coltro.*
the plough-handle.	*la stiva, il manico dell' aratro.*
a plough man.	*un aratore, o bifolco.*
a harrow.	*un erpice.*
a weeder.	*un sarchiatore.*
the weeding-hook, or how.	*il sarchio, il sarchiello.*
a yoke.	*un giogo.*
a goad.	*un pungolo, o stimolo.*
a furrow.	*un solco.*
a ridge.	*la sponda del solco.*
a sower.	*un seminatore.*
an acre.	*una bifolca, un jugero, o rubbio.*
seed.	*la semenza.*
the harvest.	*la mietitura, la ricolta, la messe.*
a gleaning.	*il ristoppiare, lo spigolare.*
a reaper.	*un mietitore.*
a sickle.	*una falce.*
a thresher.	*un trebbiatore.*
a flail.	*una trebbia.*
the threshing-floor.	*l' aja.*
a fan.	*un vaglio.*
a sieve.	*un crivello.*
a sack.	*un sacco.*

a barn,

a barn, or granary.	un granajo.
pasture.	la pastura, il pascolo.
grass.	la gramigna, l'erba.
hay.	il fieno.
a mower of hay.	un falciatore.
a hay-loft.	un fenile.
a hay-cock.	un mucchio di fieno, o pagliajo.
a truss of hay.	un manipolo, una manata di fieno.
the latter-math, the aftergrass.	fieno tardivo.
a scythe.	una roncola.
a fork.	un forcone.
a rake.	un rastro.
a wain.	un carro.
a cart.	una caretta, un plaustro.
a wheel.	una ruota.
a spoke.	un razzo.
the axle tree.	l'asse della ruota.
the track of a cart.	la carreggiata.
a carter, waggoner, or coach-man.	un carrettiere, un cocchiere.
a whip.	una frusta, uno staffile.
the reins.	le redini.
the bridle.	la briglia.
a garden.	un giardino.
the kitchen-garden.	l'orto.
a gardener.	un giardiniere,
the kitchen gardener.	l'ortolano.
an orchard.	un pomario.
a vineyard.	una vigna.
a vine-prop, a pole for hops.	un palo.
a vine-dresser.	un vinajuolo.

a hed-

a hedge.	una fratta.
a quick-hedge.	una siepe.
a ditch.	un fosso.
a digger.	un zappatore.
an arbour.	un viale coperto.
a bed in a garden.	un quaderno di erbe, e fiori.
a spade.	una zappa.
a shovel.	la palla.
a pich-ax.	un piccone.
a mattock.	una vanga.
a rowler.	un cilindro.
a wheel-barrow.	una carriuola.
a forest.	una foresta.
a wood.	un bosco, una selva, o macchia.
a grove.	una selvetta, un boschetto.
a faggot.	un fascio.
brush-wood, or bavin.	la stipa.
chips.	le scheggie.
wod.	il legno.
a nursery.	un seminario, o piantamajo.
a park.	un parco, o barco.
a heath.	una landa, uno scampagnato.
a fisher-man.	un pescatore.
a fishing-net.	un erpicatbjo, sorta di rete.
a line.	una lenza.
a hook.	un amo.
a bait.	l'esca.
a fowler, or bird-catcher.	un uccellatore.
a hunter.	un cacciatore.
a hunting-staff, or pole.	un pungolo.
a hunter's-net.	la ragna, rete da caccia.
a labourer, or workman.	un lavoratore, o operajo.
works.	i lavori, le opere.

Of Four-footed Beasts.

Dei Quadrupedi.

CAttle. — IL bestiame.
a flock. — il gregge, la greggia.
an herd. — l'armento, la mandra.
a labouring-beast. — un giumento, o somiere.
a wild-beast. — una fera, o fiera, una belva.

a rough and hairy skin, the skin of a beast. — la pelle irsuta, setosa.
a hide. — la schiena.
any skin, or leather. — il cuojo, il corame, la pelle.
a horn. — un corno.
a hoof. — un'unghia, o ugna.
a bristle. — una setola.
a mane. — il crine.
a fleece. — un vello.
wool. — la lana.
a tail. — una coda.
the snout, or trunk of an elephant. — la proboscide.
the dew-lap of an ox, or cow. — la giogaja, la pagliola.

The Names of Four-footed Beasts.

I Nomi dei Quadrupedi.

AN ape. — UNo scimmione, una scimmia grande.
an ass. — un asino.
a wild ass. — un asino salvatico.
a badger, brook, or gray. — un tasso.
a bear. — un orso.
a beaver. — un castoro.

a boar,

a boar.	un verro.
a wilde-boar.	un cinghiale, o cignale.
a buffle.	un bufalo.
a bull.	un toro.
a bullock.	un giuvenco.
a calf.	un vitello.
a camel.	un cammello.
a cat.	un gatto.
a chameleon.	un camaleonte.
a coney, or rabbit.	un coniglio.
a cow.	una vacca.
a crocodile.	un coccodrillo.
a deer.	un daino, una damma.
a dog, or bitch.	un cane, o una cagna.
a lap-dog, or bitch.	uno cagnolino, o una cagnolina.
barking.	il latrato, l' abbajamento.
a dog's-collar.	una collarina.
a dormouse.	un ghiro.
a dragon.	un dragone, o drago.
a dromedary.	un dromedario.
an elephant.	un elefante.
an elk.	la granbestia.
a fawn.	un capriolo.
a ferret.	un furetto.
a fox.	una volpe.
a gelding.	un cavallo castrato.
a he-goat.	un becco, o caprone.
a she-goat.	una capra.
a young-goat, or kid.	un capretto.
a hare.	una lepre.
a hart, or stag.	un cervo.
a hedge-hog.	un riccio.
a heifer.	una giovenca.
a hind.	una cerva.

a hog.	un porco.
a hog-herd.	una mandra di porci.
a hog-sty.	un porcile.
a horse.	un cavallo.
a race-horse.	un barbero, un corsiero, o corridore.
a post-horse.	un cavallo da posta.
an hackney-horse.	un cavallo da vettura.
a pack-horse.	un cavallo da basto.
neighing.	un nitrito.
a horse-keeper.	un cavallaro.
a groom.	un palafreniere.
a halter.	un capestro, la cavezza, il cavezzone.
a bridle, or bit.	un freno, una briglia.
a sharp-bit.	un morso.
a saddle.	una sella.
a lamb.	un agnello.
a leopard.	un leopardo.
a lion.	un leone.
a lioness.	una leonessa.
a mare.	la cavalla.
a martin, or sable.	la martora.
a mastiff.	un can mastino.
a mole.	una talpa.
a mokey, or marmoset.	il gattomammone.
a mouse.	un topo, o sorcio.
a mouse-trap.	una trappola.
a mule.	un mulo.
a muzzle.	una musoliera.
a mongrel.	un animale bastardo.
a nag.	un ronzino.
an ambling-nag.	un giannetto.
an otter.	una lontra.
an ounce.	un lince, o lupocerviere.

an ox, or cow.	un bue, o una vacca.
a panther.	una pantera.
a pig.	un porchetto, o porcellino.
a pole-cat.	una faina.
a porcupine.	un porcospino, l' istrice.
a pricket.	un cervo giovane.
a ram.	un montone.
a rat.	un sorcio.
a roe.	un cervetto, o cervetta.
a sheep.	una pecora.
a sheep-fold.	un ovile.
a shepherd.	un pastore.
a shepherd's-crook, or staff.	un pastorale.
a sow.	una troja, o scrofa.
a squirrel.	uno scojattolo.
a stallion.	uno stallone.
a tortoise.	una testuggine.
a tyger.	una tigre.
a weasel.	una donnola.
a wether.	un mannerino.
a wolf.	un lupo.

Of Birds. Degli Uccelli.

A Bird's bill, or beak.	UN rostro, il becco.
the comb, or crest.	la cresta.
a cock's-gill, or wattle, or a cock's-beard.	la barba del gallo.
the wing.	l' ala.
the craw, or crop.	il gozzo.
the rump.	il groppone, la groppa.
the claws, or tallons.	l' artiglio, la branca.
a feather.	una piuma.

a hard-feather. una penna.
down. la calugine, o peluria.
down in human faces. la lanugine.
a spur. uno sperone.
a nest. un nido.
an egg, eggs. un uovo, le uova.
the yolk of an egg. un tuorlo.
the white of an egg. la sbiara.
an egg-shell. un guscio.
the strain, or kenning il germoglio dell' uovo.
  of an egg.
bird-lime. il vischio, la pania.
a cage. la gabbia.
a net. la rete.

Of the Names of Birds. I Nomi degli Uccelli.

A Bat. UN pipistrello.
a beccafigue, a fig- un beccafico.
  pecker.
a black-bird. un merlo.
a bulfinch. un codirosso.
a bustard. una attarda, o assiuolo.
a buzzard. un abuzzago, o buzzago.
a capon. un cappone.
a chaffinch. un fringuello.
a chicken. un pollastro.
a cock. un gallo.
a coot. una folega.
a cormorant. uno smergo, un marangone.
a crane, cranes. una grua, la grue, le grue.
a crow, or rook, a una cornacchia, un corvo
  crow with red feet,   di piedi e becco rossi.
  and a red bill.
a cuckow. un cuculo.
a didapper, or dobchick. un mergo.

a do-

a dove, or pigeon.	una colomba, un piccione, un colombo.
a turtle-dove.	una tortora, una tortorella.
a ring dove, a wood-pigeon.	un colombaccio.
a dove-house.	una colombaja.
a duck, or a drake.	un' anitra.
an eagle.	un' aquila.
a falcon.	un falcone.
a francoline.	un francolino.
a goldfinch.	un calderino, un cardello.
a goose.	un' oca, un papero, una papera.
a green finch.	un calenzuolo.
a griffon.	un grifone.
a gull.	un gabbiano.
a hawk.	uno sparviere.
a hedge-sparrow.	un forasiepe.
a hen.	una gallina.
a heron.	un aghirone.
a hoop, or hoopoo.	un' upupa, una bubbola.
a jackdaw, or chough.	una gazza.
a jay.	una ghiandaja.
a kestrel.	un acertello, un gheppio.
a king's-fisher.	un alcione.
a kite, or glead.	un nibbio.
a lapwing.	una pavoncella.
a lark.	una lodola.
a martin, a swallow.	una rondinella.
a nightingale.	un rusignuolo.
a night-raven.	un gufo.
an ostrich.	uno struzzo.
an owl.	una civetta.
a screech-owl.	un gufo, un barbaggiani.
a kind of owl.	una strega, specie di civetta

a parrot.	un pappagallo, un paruschetto.
a partridge.	una pernice.
a peacok.	un pavone.
a pellican.	un pellicano.
a pheasant.	un fagiano.
a phœnix.	una fenice.
a pie, or magpie.	una pica, una gazza.
a plover.	un piviere.
a pullet.	un pollo.
a quail.	una quaglia.
a raven.	un corvo.
a robin-red-breast.	un pettirosso.
a snipe, or snite.	un beccacino.
a sparrow.	una passera, un passero.
a starling, or stare.	uno storno, uno stornello.
a stork.	una cicogna.
a swallow.	una rondine.
a swan.	un cigno.
a teal.	una farchetola.
a thrush.	un tordo.
a titmouse.	una coditremola.
a turky.	un gallo d'india, un gallinaccio.
a vulture.	un avoltojo.
a wagtail.	una cutretola.
a woodcock.	una beccaccia, un'acceggia.
a wood-pecker.	un piccio.
a wren.	un lui, il re d'uccelli.

Of Fishes. *De' Pesci.*

THE gills of a fish.   LE garze de' pesci.
the fins.   le pennette, le ale.
the scales.   le squame, le scaglie.
a shell

a shell fish.	una conchiglia, un pesce armato.
a shell.	il guscio d'ostriche, e simili i lati del pesce.
the milt, or soft roe of a fish.	
the fry, or spawn.	l'uova.
the clees, or claws of crabs.	le branche de' granchi, e simili.
salt-fish.	il salume.
a fish-monger.	un pescivendolo, un pesciajuolo.

The Names of Fishes. *I Nomi de' Pesci.*

AN anchovy.	UN' Acciuga.
a barbel.	un barbio.
a blay, or bleak.	una laccia.
a bream.	un carpione.
a button-fish.	un riccio marino.
a carp.	una reina, una carpa.
a chevin, or chub.	pesce cappone.
a cockle.	una chiocciola.
cod-fish.	il merluzzo, il baccalà.
a conger.	un grongo.
a crab-fish.	un grancio, una granseevola.
a cramp-fish.	una torpedine.
a cray-fish.	un gambero d'acqua dolce.
a cuttle-fish.	una seppia.
a dace.	una lasca.
a dolphin.	un delfino.
a doree.	un pesce sanpietro.
an eel.	un' anguilla.
a grig.	una ciriola.
a flounder.	pesce passera.
a frog.	una canocchia.

a guilt-

a guilt-head.	un' orata.
a gudgeon.	un ghiozzo.
a herring.	un' aringa.
a red-herring.	un' aringa fumata.
a lampray.	una lampreda.
ling.	il merluzzo salato.
a lobster.	una locusta, un gambero marino.
a mackrel.	uno scombro.
a mullet.	un muggine, un cefalo.
a muscle.	un musciolo, una tellina.
an oyster.	un' ostrica.
a perch.	una perchia.
a periwinkle, or wilk.	una conchiglia.
a pike.	un luccio.
a pilchard.	una palamite.
a porpoise.	un porco marino.
a pourcontrel.	un polpo.
a roach.	un barbio rosso.
a ruff.	una porcelletta.
a salmon.	un salmone.
a scallop.	una conchiglia.
a shad.	una laccia.
a shrimp.	un gamberello.
a sole, or soal.	una sogliola.
a sprat.	una sardina.
a sturgeon.	uno storione.
a sword-fish.	un pescespada.
a tench.	una tinca.
a thornback.	una razza.
a tunny-fish.	un tonno.
a turbot.	un rombo.
a whale.	una balena.
a whiting.	una merla, un nasello.

Of Serpents.
De' Serpenti.

An adder, or viper, an asp. — Una vipera. un aspide.
a basilisk. — un basilisco.
a dragon. — un dragone.
an evet, or newt. — uno stellione, una tarantola.

a venomous frog that keeps about bushes. — una botta.
a lizard. — una lucertola.
a salamander. — una salamandra.
a scorpion. — uno scorpione.
a serpent. — un serpente, una serpe, un angue.
a snake. — un colubro, una biscia.
a water serpent. — un'idra, serpente acquatico.

the dry cast-skin of a serpent. — la spoglia.

Of Worms.
De' Vermi.

An ant, an emmet, or pismire. — Una formica.
a caterpillar. — un bruco.
an earth-worm. — un lombrico, un verme.
a flea. — una pulce.
a glow-worm. — una lucciola.
an hand-worm. — un tarletto, un vermetto.
a horse-leech. — una mignata, una sanguisuga.
a louse. — un pidocchio.
a maggot, or mite breeding in meat. — una marmeggia, verme che rode la carta secca.
a moth. — una signuola.
a nit.

a nit.	una lendine.
a silk-worm.	un baco, un bigattello.
a snail.	una lumaca, una chiocciola.
a spider.	un ragno.
a tick.	una zecca.
a timber-worm.	un tarlo.
a wall louse, or bug.	una cimice.
a water spider.	il ragno acquatico.
a wood-louse.	i mille piedi.
a littleworm, that eateth the pith of corn.	il gorgoglione, il ronchino.

Of Insects.　　　　Degl' Insetti.

A Bee.	UN' Ape.
honey.	il miele.
the honey-comb.	il favo.
a hive.	un alveario, un alveare.
a sting.	un ago, una spina, un pungiglione.
a swarm of bees.	uno sciame.
bee's-wax.	la cera.
a beetle, a chafer.	uno scarafaggio.
the great horn-beetle.	lo scarabeo.
a breeze, or gad-fly, or ox-fly.	una mosca cavallina.
a butterfly.	una farfalla.
cantharides, or spanish-flyes.	una canterella, e cantaride.
a cigal.	una cicala.
a cricket.	un grillo.
a drone.	un suco.
a fly.	una mosca.
a great-fly.	un moscone.
a gnat.	una zanzara.
a grashopper.	una locusta.
a hornet.	un calabrone.
a wasp.	una vespa.

Of Plants. Delle Piante.

A Root.	Una radice, una radica.
the trunk, or body of a tree.	il tronco, o il pedale di un albero.
the bark.	la corteccia.
a knot.	un nodo.
the pith.	un midollo.
the sap.	il suoco.
the grain, or veins in wood.	le vene del legno.
a bough, or branch.	un ramo.
a sprig, graft, or cyon.	un innesto, e sercole.
a rod.	una verga, una bacchetta.
a bud.	un occhio, o bottone.
a sprout, a sucker.	un germe, un tallo, un germoglio.
the leaf of a tree, or plant.	la foglia, la fronda, la fronde.
the blossom, or flower.	il fiore.
fruit.	il frutto.
any fruit whose skin, or peel is not hard.	il frutto di buccia tenera.
all fruit that hath a hard shell.	ogni frutto di guscio duro.
a fruit stalk.. (stalk.	un gambo, o fusto.
a flower-stalk, or herb-	uno stelo.
a prickle, or thorn.	una spina.
moss.	il musco.
the stone of any fruit.	il nocciolo.
the kernel.	la mandola.
the shell.	il guscio.
the rough-shell of a chesnut.	il riccio della castagna.

a pod,

a pod, or cod.	un baccello.
a berry.	una coccola.
an acorn.	una ghianda.
gall.	la gallozzola.
a bunch of ivy-berries.	un grappolo di coccole d'ellera.
myrrhe.	la mirra.
pitch.	la pece.
roin.	la ragia.
turpentine.	la trementina.
sugar.	il zucchero.
chips, splinters of wood.	le scheggie.
twigs, or rods to bind vines withal.	il vinciglio, per legar le viti, ec.

Of the Names of Plants, and of Shrubs.   *I Nomi degli Alberi, e de' Frutti.*

THE alder-tree.	L'Ontano.
the almond-tree.	il mandorlo.
the apple tree.	il melo.
the apricock-tree.	l'albicocco.
the ash.	il frassino.
the aspen-tree.	l'albero, l'arbore, s.
balm, or balsam.	il balsamo.
a barberry bush.	uno spino.
the bay-tree.	l'alloro, il lauro.
the beech-tree.	il faggio.
the birch-tree.	la scopa.
the box-tree.	il bosso, il busso.
a bramble.	un rovo.
broom.	la ginestra.
butcher's-broom, or knee-holly.	il pugnitopo.
the caper-tree.	il cappero.
the cedar-tree.	il cedro.

the

the cherry-tree.	il ciriegio.
the chesnut-tree.	il castagno.
the citron, or lemon-tree.	il cedro, o il limone.
the cork-tree.	il sughero.
the cornel-tree, or cornelian chery-tree.	il corniolo, o la corniola.
the cotton-tree.	il cotone.
the currant-tree.	il ribes.
the cypress-tree.	il cipresso.
ebony.	l'ebano.
elder.	il sambuco.
an elm.	un olmo.
a fig-tree.	un fico.
the fir-tree.	l'abeto.
a goose berry bush.	l'uvaspina.
a haw thorn, or withy-thorn.	il biancospino.
a hazle nut-tree.	il nocciuolo.
shrub.	il frutice, l'arbusto.
holly.	l'oleastro.
the holm-oak.	il leccio, o l'elce.
an honey suckle.	il caprifoglio, la madreselva.
the hornbeam-tree.	il carpine.
jessamin.	il gelsomino.
a juniper tree.	un ginepro.
ivy.	l'ellera, l'edera.
laurel.	il lauro.
a lime-tree.	il tiglio.
liquorice.	la liquerizia, o la regolizia.
the maple.	l'acero.
the mastick-tree.	il lentischio.
the medlar-tree.	il nespolo.
a misletoe, or misseldine.	il vischio.

the mulberry-tree.	il gelso, il moro.
a myrtle-tree.	la mortella, il mirto.
an oak.	una quercia.
an oak of the hardest kind.	il rovero, la rovere.
the olive-tree.	l'ulivo.
an orange-tree.	un melarancio.
an ozier.	il vimine, o vinciglio.
a palm-tree.	la palma.
a peach-tree.	il pesco.
a pear-tree.	il pero.
a pine-tree.	il pino.
a plane tree.	il platano.
a plumb-tree.	il prugno, il susino.
a pomegranate-tree.	il melagrano, il granato.
a poplar-tree.	il pioppo.
a privet.	il ligustro, il ruvistico.
a quince-tree.	il cotogno.
a rasberry-bush.	il morideo, il rovo ideo.
a rose, or rose-tree.	una rosa, o un rosajo.
rosemary.	il rosmarino, il ramerino.
savin.	la savina.
a service, or sob-tree.	il sorbo.
a sloe-tree, or blackthorn.	il pruno.
spurge-laurel.	la laureola.
a strawberry.	il corbezzolo.
sweet-bryer.	il rovocanino.
a sycamore-tree.	un sicomoro.
a tamarisk-tree.	un tamarisco.
the turpentine-tree.	il terebinto.
a wallnut-tree.	il noce.
wall-work, or danewort.	l'ebolo.
a wild-ash.	l'orno.
a willow-tree.	il salcio, la salce.
a yew-tree.	il tasso, il nasso.

Of the Vine, and of the serval Parts of it.	Della Vite, e delle Parti di essa.
THe vine.	LA vite, la vigna.
a vine running on a frame.	una pergola.
a vine-branch.	un tralcio, un sermento.
the shoot, or young-branch of a vine.	il palmite.
a layer of a vine.	una propaggine.
a vine-bud.	una gemma, l'occhio.
a vine-leaf.	un pampano.
the tendrel of a vine.	il viticcio.
grapes.	l'uva.
a bunch, or cluster.	un grappolo.
a single grape.	l'acino.
the skin, or husk of grapes	il guscio dell'uva.
a long branch of a vine.	un rampolo della vite.
the skins, or husks of grapes, when they have been pressed.	la vinaccia.
vine made with husks of grapes and water.	l'acquarello.

Of Fruits.	Delle Frutta.
AN apple.	UNa mela. pl. le mela.
an apricock.	un' albicocca.
a black-berry.	una mora di siepe.
a cherry.	una ciriegia, o cerasa.
a chesnut.	una castagna.
a citron, or lemon.	un cedro, o limone.
currants.	l'uva di corinto, la passerina.
a date.	un dattero.

a fig.

a fig.	un fico.
a filberd.	una nocciuola, una nocchia.
a gooseberry.	l'uvaspina.
a medlar.	una nespola.
a mulberry.	una mora, una gelsa.
a nut.	una noce.
a nut-cracker.	uno schiaccianoci.
an olive.	un'oliva.
olive-oil, sallet oil.	l'olio.
an orange.	un arancio, una melarancia, un melangolo.
a peach.	una pesca.
a pear, pears.	una pera. pl. le pera.
a pine-apple.	una pina.
a plumb.	una susina, o pruna.
a pomegranate.	una melagrana, un pomogranato.
a quince.	una melacotogna.
a rasberry.	una moridea.
a service-berry.	una sorba.
a straw-berry.	una fragola, o sravola.

Of the Names of Herbs.   *I Nomi dell' Erbe.*

A Grimony.	L'Agrimonia.
anemony, or wind-flower.	l'anemone.
anise.	l'anice.
arichoke.	il carciofo.
asarabacca.	l'asaro.
asparagus.	lo sparago.
basil.	il basilico.
balm.	la melissa.
bear's-ear.	l'orecchio d'orso.
a beet.	la bietola.
betony.	la bettonica.

bind-

bind-weed.	il convolvolo.
birth-worth.	l'aristologia.
blue-bottle.	il fioraliso.
borage, or bugloss.	la borraggine.
bryony.	la brionia.
a bur.	la lappola.
burdock.	la persolata.
burnet.	la pimpinella, selvastrella.
cabbage.	il cavolo cappuccio.
camomile.	il camamilla.
a carrot.	la carota.
caraways.	il cavi.
cat's-mint.	la nepitella.
celandine.	la celidonia.
centony.	la centaurea.
chervil.	il cerfoglio.
chick-weed.	l'anagallide, f.
cinquefoil.	le cinquefoglie.
cives.	il porro salvatico.
clary.	la clarea.
a colly-flower.	un cavolfiore.
colt's-foot.	il sursaro.
a columbine.	la cantabrica, l'ancolia.
coriander.	il curiandolo.
a cowslip, or a primrose.	un tassobarbasso.
crane's-bill.	il becco di grua.
cresses.	il crescione, il nastrucio.
crow-foot.	il ranoncolo.
a cucumber.	un cetriuolo.
a curled garden cole.	un cavolcrespo.
a daffodil.	un narcisso, o narciso.
a daisie.	una margheritina.
dandelion.	la cicoria, il radicebio.
darnel.	il loglio.
dill.	l'aneto.

O 3   dock.

dock.	la romice, il lapazio.
dragon.	la dragontea, la serpentaria.
elecampane.	l'enulacampana.
endive.	l'endivia.
eringo, or sea-holly.	il calcatreppo, o il calcatreppolo.
fennel.	il finocchio.
fern, or brakes.	la felce.
featherfew.	la matricale.
flax.	il lino.
flower-de-luce.	il ghiaggiuolo, l'ireos.
flover-gentle.	l'amaranto, lo sciamito.
fumitory.	il fumosterno.
garlick.	l'aglio.
gentian, or felwort.	la genziana.
germander.	la calamandrea, la calamandrina.
goose-grass, or cleavers.	la lappola.
gourd.	la zucca.
gromil, or gromel.	il litospermo.
ground-ivy, or aleoof.	l'ellera terrestre.
groundsel, or grunsil.	il crescione.
hear'ts-hease.	la viola mammola.
hellebore.	l'elleboro.
hemlock.	la cicuta.
hemp.	la canape.
henbane.	il jusquiamo.
holly-hauks, or holy-oak.	la malva ortense.
horehound.	il marobbio.
house leek.	la sempreviva.
a hyacinth, or jacinth.	il giacinto.
hyssop.	l'isopo.
a july-flower, or carnation.	il garofano.

ivy.

ivy.	l' ellera.
lavender.	lo spigo.
lavender-cotton.	il cipresso ortense.
leeks.	il porro.
lettuce, o lettice.	la lattuga.
a lilly.	il giglio.
madder.	la robbia.
maiden-hair.	il capelvenere.
mallow.	la malva.
mandrake.	la mandragola.
marigold.	il fiorancio.
marjoram.	la majorana.
melilot.	il meliloto.
a melon, a musk-melon.	il popone, il melone.
mint.	la menta.
mugwort.	l' artemisia.
mullein.	il verbasco, il tassobarbasso.
peny royal, or pudding grass.	il puleggio.
mustard.	la mostarda, o la senape.
a mushroom, or toadstool.	un fungo.
a nettle.	l' ortica.
night-shade.	il solatro.
an onion.	una cipolla.
an orange-lilly.	un giglio giallo.
orrache.	l' atrepice.
parsly.	il prezzemolo.
parsnip.	la pastinaca.
pellitory of the wall.	la parietaria.
peony, or piony.	la peonia.
periwinkle.	la pervinca.
plantain.	la piantaggine.
polypody.	la felcequercina, il polipodio.

poppy.	il papavero.
a pumpion, or pumskin.	un cetrivolo.
purslain.	la porcacchia.
a radish.	una radice, un ramolaccio.
rampions.	il raponzolo.
a reed.	una canna.
rocket.	la ruchetta.
rue.	la ruta.
a rush.	un giunco.
saffron.	il zafferano, il croco.
sage.	la salvia.
satyrion.	il satirione.
savoury.	la santoreggia.
a savoy.	un cavolo bolognese.
sassafras.	la sassifragia.
scruvy-grass.	la coclearia.
the skirwick, or skirret-root.	il sisamo.
smallage.	il sermollino.
sorrel.	l' acetosa.
southern-wood.	l' abrotano.
sows-bread.	il panporcino.
spinache, or spinage.	la spinace.
spurge.	il titimaglio, l' esula.
stock-gilly-flower.	il garofano.
tansie.	l' atanasia, il tanaceto.
taragon.	il targone.
theasel, or fullers-weed.	la panocchia spinosa del cardo.
a thistle.	un cardo.
trefoil.	il trifoglio.
a tulip.	un tulipano.
turk's-cap.	il martago.
a turnip, or rape.	una rapa.
a French, or long turnip.	un navone.

thy-

thyme.	il timo.
valerian.	la valeriana.
vervain.	la verbena.
a violet.	una viola, una violetta.
a wall-flower.	una viola gialla.
worm-wood.	l' assenzio.
wrack.	l' alga, o aliga.
yarrow.	il millefoglio.

Of Corn, and of Pulse.

Delle Biade, e de' Legumi.

ALL kind of fruit.	OGni sorta di frutta.
all manner of corn.	ogni sorta di biade.
all manner of pulse.	ogni sorta di legumi.
the hose, or cod of corn.	la vagina, o guscio della spiga.
the stalk of corn.	il gambo del grano.
an ear of corn.	la spiga.
the beard of corn.	la resta della biada.
a single corn.	un granello.
the husk of corn.	la follicola.
the little grain at the top of the ear of corn.	il granellino in cima alla spiga.
the lowest part of the ear where the corn is very small.	il granellino in fondo alla spiga.
standing-corn.	la messe.
chaff.	la paglia.
stubble.	la stoppia.
straw, or litter.	lo strame.
a moat, or a straw.	la festuca, il fuscello.
meal, flover.	la farina.
bran.	la crusca, la semola.
barley.	l' orzo.

a bean.

a bean.	una fava.
bean-meal.	la farina di fave.
beans unshell'd, or boiled in the shell, or cods.	le fave nel guscio, i baccelli.
chick-peafe.	la cece.
French beans, or kidney-beans.	il fagiolo, i fagioli.
lentils.	le lenti, o lenticchie.
lupines.	i lupini.
millet, or grout.	il miglio.
a mixture of sundry grains.	un miscuglio di varj grani.
oats.	la vena, la biada.
peafe.	il pifello.
rice.	il rifo.
rye.	la fegala.
fpelt.	la fpelda.
ftarch.	l'amido.
tares.	la veccia.
turkey-wheat.	la faggina.
wheat.	il grano.

Of Species, and of the most common Drugges. — Degli Aromati, e Droghe più ufuali.

ALL forts of spices.	LE fpeziarie, le droghe, gli aromati.
cinnamon.	la cannella.
a clove.	il garofano.
ginger.	il gengiovo, il zenzero.
mace.	il lamace, il macis, buccia di nocefmoscata.
manna.	la manna.
musk.	il mufchio.

nut-

nutmeg.	la nocemoscata,
pepper.	il pepe.
bohea-thea.	il tè bu.
green-thea.	il tè verde.
coffee.	il caffè.
chocolate.	la cioccolata.

Of Metals, and of Stones.   Dei Metalli, e delle Pietre.

BELL metal.	IL bronzo.
brass.	l' ottone, l' oricalco.
brass-leaves.	l' orpello.
copper.	il rame.
gold.	l' oro.
gold-solder.	il borrace.
silver.	l' argento.
iron.	il ferro.
latten.	la latta.
lead.	il piombo.
a leaf of any metal.	una foglia di qualunque metallo.
a mine.	una miniera.
rust of iron.	la ruggine del ferro.
a sheet of lead.	una lamina, o lama di piombo.
solder.	la saldatura.
sparks that fly from a piece of red-hot iron.	le scintille del ferro rovente.
steel.	l' acciajo.
tin.	lo stagno,
pewter.	il peltro.
verdegreose, or the green rust of cooper, or brass.	il verderame.
	allom.

allom.	l'allume.
amber.	l'ambra, l'eletro.
antimony.	l'antimonio.
brimstone.	il zolfo, il solfo.
nitre.	il nitro.
orpine, or arsenick.	l'orpimento, o arsenico.
quick-silver.	l'argentovivo, il mercurio.
red-lead.	il minio.
ruddle, or red oker.	la rubrica, la sinopia.
salt-petre.	il salpietra, salnitro.
white-lead.	la biacca, la cerussa.
yellow-oker.	l'ocra.
an agate.	un'agata.
alabaster.	l'alabastro.
coral.	il corallo.
a cornelian-stone.	una corniola, un sardonico.
crystal.	il cristallo.
a diamond.	un diamante.
an emerald.	uno smeraldo.
a flint-stone.	una pietra focaja.
glass.	il vetro.
a great-stone.	un sasso, un, o una selce.
a jasper.	un diaspro.
jett.	la pietranera.
icing-glass.	il talco.
the load-stone.	la calamita.
marble.	il marmo.
a pebble-stone.	una pietruzza.
pit-coal.	il carbone fossile, e minerale.
plaister.	il gesso.
a pumice-stone.	una pomice.
a quarry.	una cava.
a ruby.	un rubino.

a carbuncle. un carbonchio.
a touch-stone. un paragone.
white-marble. il marmo pario.

Of Coins. Delle Monete.

A Farthing. UN quattrino.
a half-penny. due quattrini, e mezzo soldo.
a penny. un soldo, un bajocco.
a groat. quattro soldi, o un terzo di scellino.
six pence. mezzo scellino, sei soldi.
a shilling. uno scellino.
half a crown. mezzo scudo, due scellini e mezzo.
a crown. uno scudo.
half a guinea. mezza ghinea.
a guinea. una ghinea.
a pound sterling. una lira sterlina.
a pistole. una dobbla.
a double pistole. un dobblone.

Of Time. Del Tempo.

TIME. IL tempo.
an age. un secolo.
the space of four years, la olimpiade.
olimpiad.
the space of five years, il lustro.
lustre.
a year. un anno, un' annata.
two years. due anni.
three years. tre anni.
a season. una stagione.

the

the spring.	la primavera.
the summer.	la state, l'estate.
the autumn.	l'autunno.
the winter.	l'inverno.
a month.	un mese.
january.	gennajo.
february.	febbrajo.
march.	marzo.
april.	aprile.
may.	maggio.
june.	giugno.
july.	luglio.
august.	agosto.
september.	settembre.
october.	ottobre.
november.	novembre.
december.	dicembre.
the first day of the month	il primo del mese.
a week.	una settimana.
a day.	un giorno, un dì.
sunday.	la domenica.
monday.	il lunedì.
tuesday.	martedì.
wednesday.	mercoledì, o mercordì.
thursday.	giovedì.
friday.	venerdì.
saturday.	sabbato.
a holy-day.	un giorno di festa.
a working-day.	un giorno di lavoro.
an half holy-day.	una mezza festa.
christmass.	il natale.
a new-year's-gift.	un capo d'anno.
easter.	la pasqua.
whitsuntide.	la pentecoste.
a christening-day.	il giorno del battesimo.

a birth-

a birth-day.	il giorno natalizio.
an unlucky day.	un giorno infausto.
a pleading day.	un giorno curiale.
a day on which there is no pleading.	un giorno feriato.
a whole-day.	una giornata intiera.
break of day.	l'alba, lo spuntar del giorno.
the sun-rising.	il levar del Sole.
the morning.	la mattina, il mattino.
noon.	il mezzodì.
the afternoon.	il dopo definare, il dopo pranzo.
the evening.	la sera.
the dusk of the evening.	l'imbrunir della sera.
the sun-setting.	il tramontar del Sole.
the night.	la notte.
midnight.	la mezza notte.
cock-crowing.	il cantar del gallo.
an hour.	un'ora.
half an hour.	mezz'ora.
an hour and a half.	un'ora e mezza.
three-quarters of an hour.	tre quarti d'ora.
a minute.	un minuto.
a moment.	un momento, un attimo.
an hour glass.	un oriuolo a polvere.
a clock.	un orologio.
a watch.	un oriuolo.
a sund dial.	un orologio a Sole.
the pin of a dial.	l'ago, il gnomone, la sfera.
the dial-plate.	il quadrante.

Of Gaming.	De' Giuochi.
A Play, or game.	UN giuoco.
dice-play.	il giuoco de' dadi.
a dye.	un dado.
a dice-box.	un bussoletto.
three dices.	diciotto con tre dadi.
the six-point.	il sei.
the ace.	l' asso.
huckle-bones.	l' aliosso.
cockal.	il giuoco dell' aliosso.
the side of the huckle-bone that rises a little.	la banda rilevata dell' aliosso.
the hollow-side of the huckle-bone.	la banda concava dell' aliosso.
the games of draughts.	il giuoco della dama.
a pair of tables, or chess-board.	il tavoliere.
a chess-man, or tableman.	una pedina.
a table-man cover'd.	la dama.
the game of chess.	il giuoco degli scacchi.
the chess-men.	gli scacchi.
the chess-board.	lo scacchiere.
to check-mate.	dare scaccomatto.
a ball.	una palla.
a racket.	una racchetta.
a tennis-court.	una pallacorda.
to play at tennis.	giuocare alla palla.
a tennis-player.	un giuocator di palla.
a game at tennis.	una partita di palla.
the that tosseth the ball.	il pallajo.
to toss a ball from one to another.	palleggiare.
a quoit.	una piastrella.

to play at quoits.	giocare a piastrelle.
the throwing of a quoit.	il tratto della piastrella.
leaping.	il gioco del salto.
the throwing of darts.	il lanciar dardi.
running.	la corsa.
wrestling.	la lotta.
boxing with a gantlet.	il cesto.
to play at even, or odd.	giocare a pari, o caffo.
to ride a hobby horse.	andar a cavallo ad una canna.
to play at nuts.	giocare alle noci.
to leave off childish plays.	tralasciare i giochi fanciulleschi.
a top, a gig.	un paleo, o una trottola.
to play at top.	giocare al paleo.
blind-man's-buff.	il gioco della cieca.
the play of love.	il gioco della mora.
hinde and seek.	la nasconderella.
hot-cockles.	giocare a scaldamani.
swinging.	l'altalena.
childrens play-thing.	le bambole, le bagattelle.

The Names of the most noted Countries, and of the most principal Cities in Europe.	I nomi delle più note Regioni, e delle Città più nobili dell' Europa.

EUROPE.	L'Europa.
the island of Great-Britain.	l'Isola della Gran Bretagna.
England.	l'Inghilterra.
London.	Londra.
Scotland.	la Scozia.
Edinburgh.	Edinburbo.
Ireland.	l'Irlanda.

P   Du-

Dublin.	Dublino.
Denmark.	la Danimarca.
Copenhagen.	Coppenaga.
Norway.	la Norvegia.
Drontheim.	Drontheim.
Iceland.	l'Islanda.
Sweden, or Swedeland.	la Svezia.
Stockholm.	Stocolma.
Muscovy, or Russia.	la Moscovia, o la Russia.
Moscow.	Mosca.
France.	la Francia.
Paris.	Parigi.
Germany.	la Germania.
Vienna.	Vienna.
the Low-Countries.	i Paesi bassi.
the seven united-Provinces.	le sette Provincie Unite.
Holland.	la Olanda.
Amsterdam.	Amsterdam.
the Spanish-Netherlands, or Flanders.	la Fiandra.
Brussels.	Brusselles.
Switzerland.	l'Elvezia, gli Svizzeri.
Basil, or Basle.	Basilea.
the Grisons.	i Grisoni.
Coire.	Coira.
Poland.	la Polonia.
Cracow.	Cracovia.
Spain.	la Spagna.
Madrid.	Madrid.
Portugal.	Portogallo.
Lisbon.	Lisbona.
Italy.	l'Italia.
Rome.	Roma.
Venice.	Venezia.

Naples.	Napoli.
Milan.	Milano.
Turcky in Europe.	la Turchia in Europa.
Costantinople.	Costantinopoli.
Asia.	l' Asia.
Africa.	l' Africa.
America.	l' America.

The Gods of the Heathens. — Le Deità de' Gentili.

Heaven, the ancientest of the Gods. — Cielo, il più antico degli Dei.
the God of Time, *Saturn*. — il Dio del Tempo, Saturno.
—— of Heaven and Earth, *Jove*. — —— del Cielo, e della Terra, Giove.
—— of the Sea, *Neptune*. — —— del Mare, Nettuno.
—— of Hell, *Pluto*. — —— dell' Inferno, Plutone
—— of Poetry, Physick, and Divination, *Apollo*. — —— della Poesia, della Medicina, e degli Oracoli, Apollo.
—— of the Sun, *Phæbus*. — —— del Sole, Febo.
—— of Wine, *Bacchus*. — —— del Vino, Bacco.
—— of Eloquence, *Mercury*. — —— il Dio dell' Eloquenza, Mercurio.
—— of War, *Mars*. — —— della Guerra, Marte.
—— of Fire, and the Smith of the Gods, *Vulcan*. — —— del Fuoco, e Fabbro degli Dei, Vulcano.
—— of Physick, *Esculapius*. — —— della Medicina, Esculapio.
—— of Winds, *Eolus*. — —— dei Venti, Eolo.
—— of Love, *Cupid*. — —— dell' Amore, Cupido.
—— the Gods of Mariners, *Castor*, and *Pollux*. — —— de' Noviganti, Castore, e Polluce.

the God of Countrymen, | *il Dio della Campagna*,
Faunus. | Fauno.
—— of Woods, *Silvanus*. | —— *delle Selve*, Silvano.
—— of Seaports, *Palemon* and *Portumnus*. | —— *de' Porti Marittimi*, Palemone.
a Sea god, *Glaucus*. | *un Dio Marino*, Glauco.
the God of Shepherds, *Pan*. | —— *de' Pastori*, Pane.
—— of Riches, *Pluto*. | —— *delle Ricchezze*, Plutone.
—— of Gardens, *Priapus*. | —— *degli Orti*, Priapo.
—— of Drunkards, *Silenus*. | —— *degli Ubbriachi*, Sileno.
the three Judges of Hell, *Eacus*, *Minos* and *Rhadamanthus*. | *i tre Giudici dell' Inferno*, Eaco, Minosse, Radamanto.
a Goddess. | *una Dea*.
the Goddess of Heaven and Earth, *Jupiter's* Wife and Sister, *Juno*. | —— *del Cielo*, *e della Terra*, *Moglie, e Sorella di Giove*, Giunone.
the Goddess of Hell, *Proserpine*. | —— *dell' Inferno*, Proserpina.
—— of the Sea, *Tethys*. | —— *del Mare*, Teti.
—— of Mountains, *Oreades*. | *le Dee de' Monti*, *le Oreadi*.
—— of Fire, *Vesta*. | —— *del Fuoco*, Vesta.
—— of Hunting, *Diana*. | —— *della Caccia*, Diana.
—— of the Morning, *Aurora*. | —— *del Mattino, l'Aurora*.
—— of Justice, *Astraa*. | —— *della Giustizia*, Astrea
—— of War, *Bellona*. | —— *della Guerra*, Bellona
—— of Corn, *Ceres*. | —— *delle Biade*, Cerere.
—— of Youth, *Hebe*. | —— *della Gioventù*, Ebe.
—— of Child-birth, *Lucina*. | —— *della Partorienti*, Lucina.

—— of Arts, *Minerva*. —— *delle Arti*, Minerva.
—— of Revenge, *Nemesis*. —— *della Vendetta*, Nemesi.
—— of Arms, *Pallas*. —— *delle Arme*, Pallade.
—— of Persuasion, *Suadela*. —— *della Persuasiva*, Suadela.
—— of Love and Beauty, *Venus*. —— *dell'Amore, e della Bellezza*, Venere.
the Goddesses of Trees, *Dryades*. *le Dea degli Alberi*, le Driadi.
Nymphs that are born and die with Trees, *Hamadryades*. *Ninfe, che nascono e muojono con gli Alberi*, Amadriadi.
the Goddesses of Rivers, and Fountains, *Najades*. *le Dea de' Fiumi, e de' Fonti*, le Najadi.
the Nymphs of the Sea, *Nereides*. *le Ninfe del Mare*, Nereidi.
the three Graces, *Aglaja, Thalia, Eufrosine*. *le tre Grazie*, Aglaja, Talia, Eufrosina.
the Houshold or Tutelar Gods, *Penats*. *gli Dei Tutelari*, Penati.
the Goddesses of Poetry, *the Muses*. *le Dee della Poesia*, le Muse.
the three Furies, *Tisiphone, Megera, Aletto*. *le tre furie*, Tisifone, Megera, Aletto.
the Goddess of Epic Poetry, *Clio*. *la Dea della Poesia Epica*, Clio.
—— of Tragic, *Melpomene*. —— *della Tragica*, Melpomene.
—— of Comic, *Thalia*. —— *della Comica*, Talia.
—— of Rural, *Euterpe*. —— *della Boschereccia*, Euterpe.
—— of Lyrick, *Terpsichore*. —— *della Lirica*, Tersicore.

—— of Amours, *Erato*. —— dell'*Amorosa*, Erato.
—— of Heroic, *Calliope*. —— dell'*Eroica*, Calliope.
—— of Mimic, *Polyhimnia*. —— della *Mimica*, Polimnia.
—— of Heavenly, *Urania* —— della *Celeste*, Urania

Of Musick.   *Della Musica.*

Musick.	La musica.
the cliff.	la chiave.
the notes.	le note.
common-time.	il tempo perfetto.
imperfect-time.	il tempo imperfetto.
triple-time.	le tripole.
the measure.	la battuta.
the figures of the notes.	le figure delle note.
a large.	una massima.
a long.	una lunga.
a breve.	una breve.
a semibreve.	una semibreve.
a minim.	una minima.
a crotchet.	una semiminima.
a quaver.	una croma.
a semiquaver.	una semicroma.
a demisemiquaver.	una biscroma.
a point.	un punto.
a sharp.	un diesi.
a flat.	un bemolle.
a B. natural.	un bequadro.
a rest.	le fermate, una battuta, mezza battuta, il sospiro, il mezzo sospiro, il semisospiro, l'aspiro.
an opera.	un' opera.
a cantata.	una cantata.
a song	

a song.	un'arietta.
a duet.	un duetto.
a song in three.	un terzetto.
a song in four.	un quartetto.
recitative.	il recitativo.
a canon.	un canone.
a madrigal.	un madrigale.
a serenade.	una serenata.
a ballad.	una canzonetta, una ballata.
a consort.	un concerto.
a sonata.	una suonata, una sinfonia.
a pathetick.	il patetico, il grave.
an allegro.	un allegro.
a fuge, a subject.	una fuga.
a gavott.	una gavotta.
a saraband.	una sarabanda.
a siciliao.	una siciliana.
a minuet.	un minuetto.
an alemand.	un'alemanda.
a jigg.	una giga.
a pastoral.	una pastorale.
an organ.	un organo.
a harpsicord.	un cembalo.
a harp.	un'arpa.
a spinet.	una spinetta.
a psaltery.	un salterio.
a lute.	un liuto, un arciliuto.
a guitar.	una chitarra.
a hand lute.	una mandola.
the great bass-viol.	il contrabbasso.
the bass-viol.	il violoncello.
a fiddle.	un violino.
a viol.	una viola.
a trumpet-marine.	una trombamarina.

a baffoon.	un fagotto.
a hautboy.	un oboè.
a flute.	un flauto.
the *German* flute.	il flauto traverfiero.
a flagelet.	un flautino.
a horn.	un corno, una cornetta.
a *French* horn.	un corno da caccia.
a bag-pipe.	una piva.
a trumpet.	una tromba.
a bas-trumpet.	un trombone.
a drum.	un tamburo.
a kettle-drum.	un timpano.
a bell.	una campana.
a little-bell.	una campanella.

Of Conveniences. De' Comodi.

A Coach and fix, and four.	UNA carrozza a fei, a quattro.
a chariot.	un cuppè.
a chaife with two horfes.	un biroccio.
a chaife with one horfe.	un caleffe.
a faddle.	una fella.
a chair, a litter.	una feggetta, una lettiga.
a ftage-coach.	una carrozza pubblica.
a poft-horfe.	un cavallo di pofta.
a hackney-coach.	una carrozza a vettura.
a cart.	una carretta.
a waggon.	un carro.
a couch.	un letto di ripofo.
an efay-chai.	una fedia d'appoggio.

Amo-

Amorous expressions. *Espressioni amorose.*

MY dear.
my love.
my life.
my soul.
my heart.
my sweet hope.
dear giril.
dear child.
my comfort.
joy of my soul.
my happiness.
my treasure.
my charmer.

MIA cara.
amor mio.
vita mia.
anima mia.
cor mio.
speranza mia dolce.
cara ragazza.
cara figlia.
conforto mio.
gioja dell' anima mia.
mio bene, ben mio.
mio tesoro.
mia bella, idolo mio.

Some Adjective Names. *Picciola Raccolta di Nomi Aggettivi.*

ABle, skilful.
accidental.
alone.
ancient.
approv'd.
awry.
bad.
bald.
barren.
base.
bay-coloured.
begging.
bereaved.
beyond.
a woman that is big with child.

ABile, perito, dotto, pratico, esperto.
accidentale, casuale.
solo.
antico.
approvato, ratificato.
obbliquo, storto.
cattivo, malvaggio.
calvo.
sterile.
vile.
bajo.
supplichevole.
privo, orbo.
di là.
una donna gravida.

a bitch

a bitch that is big with young. — *una cagna pregna.*
bitter. — *amaro.*
black. — *nero.*
blear-eyed. — *lippo, cispoſo.*
blind. — *cieco.*
ſquint-eyed. — *luſco, loſco.*
one-eyed. — *guercio.*
blue. — *azzurro, turchino.*
boil'd. — *leſſo.*
both. — *amendue, ambidue, m. ambedue, f. ambo, ambi, m. ambe, f. l' un e l' altro.*
bowed. — *incurvato, piegato.*
bountiful. — *benigno, liberale.*
bright-shining. — *brillante, rilucente.*
broad. — *largo.*
brown. — *bruno.*
brute. — *bruto, brutale.*
calm, fair, ſerene. — *calmato, ſereno.*
careful. — *accurato, ſollecito.*
chaſte. — *caſto.*
cheap. — *a buonmercato.*
chearful. — *allegro, giulivo, lieto.*
chief. — *principale.*
churslish, moroſe. — *fantaſtico, faſtidioſo, ſaturnino.*
clean. — *netto, pulito.*
clear. — *chiaro.*
common. — *comune.*
coveteous, miſer. — *avaro, miſero.*
crafty. — *aſtuto, deſtro, malizioſo.*
crooked. — *ſtorto, curvo.*
crook-backd. — *gobbo.*

cruel

cruel.	crudele.
cunning.	sagace, scaltro.
curled.	ricciuto.
courteous.	cortese, manieroso.
dainty.	lauto.
dark.	fosco, oscuro.
shady.	ombroso.
deaf.	sordo.
dear.	caro.
deep.	fondo, profondo.
delightful.	giocondo.
different.	differente.
diligent.	diligente.
diverse, various.	diverso, vario.
doubtful.	dubbioso.
drunk.	briaco, ubbriaco.
dry.	secco, asciutto.
dumb.	mutolo, muto.
dirty.	sordido, sporco.
early-ripe.	primaticcio.
easy, facil.	facile, agevole.
elegant.	elegante.
eloquent.	eloquente.
empty.	vuoto.
endued.	dotato.
envious, jealous.	invidioso, astioso, geloso.
equal.	eguale, pari.
especial.	speciale, particolare, singolare.
everlasting.	eterno.
faint, languid.	languido, languente.
fair.	bello.
faithful.	fedele, fido, fidato.
false.	falso.
famous.	famoso, rinomato, celebre.

fasting.	digiuno.
fat.	grasso.
fed.	pasciuto, nutrito.
few.	pochi, poche.
filthy.	impuro, immondo, sozzo, sudicio.
firm.	fermo, stabile.
fit.	abile, atto, a proposito.
flat-nosed.	schiacciato, camuso, rincagnato.
foolish.	pazzo, matto, stolto, mentecatto, folle.
forcible.	violento, impetuoso.
former.	precedente, antecedente, primo.
foreign.	straniero, forestiero.
foul.	brutto, laido, sucido.
free.	libero, franco, assoluto.
freely-given.	gratuito.
frequent.	frequente, ordinario, spesso.
fresh.	recente, fresco.
fruitful.	fertile, fecondo.
full, brim-full.	pieno, colmo.
gentle.	avvenente, appariscente, di bella presenza.
gentle.	gentile, grazioso, cortese.
gald.	lieto, allegro, giulivo, giojoso.
godly.	pietoso, pio, divoto.
good.	buono.
sea-green.	ceruleo.
gray-headed.	canuto.
great.	grande.
greedy.	avido, ingordo, geloso.
green.	verde.

guil.

guilty.	reo, colpevole.
hairy.	irsuto, setoloso.
half.	mezzo, dimezzato.
happy.	felice, prospero.
hard.	duro.
hard, or difficult.	difficile, arduo, malagevole.
harsh.	aspro, austero.
haughty, or obstinate.	proservo, ostinato.
high.	alto.
hoarse.	fioco, roco.
hollow.	cavo, concavo.
holy, sacred.	santo, sacro.
honest.	onesto.
sober, thrifty.	sobrio, economo.
honorable.	onorevole.
how many.	quanti, quante.
how great.	come, quanto grande.
huge.	vasto, smisurato.
imperfect, or maimed.	imperfetto, tronco, manchevole.
industrious, laborious.	industrioso, laborioso.
intire.	intiero.
inward.	interno, di dentro.
joyful.	festivo, giojoso.
just.	giusto.
kind.	almo.
knowing, expert.	conoscitore, esperto.
lame.	zoppo.
large, ample.	amplo, largo, spazioso.
latin.	latino.
late.	tardo.
lazy.	infingardo, pigro, negbittoso.
lean.	magro, asciutto.
learned.	virtuoso, dotto.

that

that is on the left-hand.	a man sinistra.
left handed.	mancino.
light.	leggiero.
like.	simile, simigliante.
limber.	arrendevole, pieghevole.
liquid.	liquido.
lisping.	blefo.
little.	picciolo, piccolo, poco.
loathsome.	schifevole, nauseoso.
lonely.	solitario, solingo, soletto, sole.
long.	lungo, prolisso.
loose.	lento, sciolta.
lopt.	troncato, mezzo.
low.	basso, umile.
lowest.	imo, profondo, fondo.
lowring, grim.	torto, burbero, minacciofo.
lusty.	vigoroso, rigoglioso, robusto.
maimed.	monco.
manifest.	manifesto, notorio, palese.
many.	molti, e assai.
mere.	mero.
mean.	mediocre, mezzano, vile.
favourable.	propizio, favorevole.
merciful.	misericordioso, pietoso, compassionevole.
middle.	mezzano, di mezzo.
mild, meek.	mite, mansueto.
mindful.	ricordevole, memore.
miserable.	miserabile, meschino, misero.
modest.	modesto.
more, or many.	più, o molti, o assai.

too-much.	*troppo, molto, soverchio,*
naked.	*nudo, ignudo.*
narrow.	*stretto, angusto,*
naughty.	*cattivo, malvaggio, perverso.*
near, neighbour.	*vicino, propinquo.*
neat, pretty.	*pulito, acconcio, vago, avvenente, galante.*
necessary.	*necessario.*
neither.	*nè l'uno, nè l'altro.*
new.	*novello, nuovo.*
noble.	*nobile.*
none.	*nessuno, niuno.*
oscure, or of a mean brith.	*oscuro, o di bassi natali.*
often.	*frequente, spesso.*
old.	*vecchio, antico, attempato.*
outward.	*estrinseco, esterno.*
pale, black and blue.	*smorto, pallido, livido.*
perpetual.	*perpetuo.*
plain.	*schietto, semplice.*
pleasant.	*ameno, giocondo, piacevole.*
plentiful, rich, fruitful.	*abbondante, ricco, fertile.*
poor.	*povero.*
poor-fellow.	*poverino.*
present.	*presente.*
pretty.	*galante, grazioso, vezzoso.*
private.	*privato, particolare.*
prodigal.	*prodigo.*
profane.	*profano.*
profitable.	*profittevole, utile, giovevole.*
proper.	*proprio.*

prosperous.	prospero, felice, favorevole.
proud.	orgoglioso, superbo.
publick.	pubblico.
pure.	puro.
quick.	presto, ratto, sollecito.
quick-witted, cunning.	accorto, astuto, sagace, scaltro.
rare, or thin.	rado (non denso.)
rash.	temerario.
raw.	crudo (non cotto.)
ready.	pronto, lesto.
stubborn, rebellious.	contumace, ribello, ostinato, caparbio.
red.	rosso.
reddish, that hath red hair.	di pelo rosso.
resolute, constant.	risoluto, costante.
the rest, the others.	il rimanente, gli altri.
right.	retto, diritto, dritto, giusto.
upright,	ritto.
on the right-hand.	a destra, a dritta.
ripe.	maturo.
rogue.	briccone.
little-rogue.	bricconcello.
roasted.	arrostito.
rough.	aspro, scabroso, irsuto.
round.	rotondo, tondo.
long.	lungo.
rude, uncivil, rustick.	rozzo, incivile, ruvido, rustico.
sad.	tristo, mesto, malinconico, dolente, afflitto.
safe.	salvo, sano e salvo.

sal-

salted.	salato, falso.
the same.	il medesimo, l'istesso, lo stesso.
savage.	barbaro, rustico.
saucy.	petulante, arrogante, sfrontato.
seasonable.	di stagione, opportuno, conveniente.
secret.	secreto, tacito.
secure.	sicuro.
severe.	severo, rigido, rigoroso.
shame-fac'd.	vergognoso.
shameless.	protervo, ardito, sfacciato.
short.	breve, corto.
shortened.	accosciato, abbreviato.
shrill.	stridulo.
sick, infirm.	ammalato, infermo.
sorry-fellow.	sciagurato.
saucy-fellow.	temerario.
simple.	semplice.
situate.	situato, collocato, posto.
soft.	molle, morbido.
solemn.	solenne, grave.
sound.	sano, intiero.
sowr.	acerbo, agro, acido.
spreading.	largo, steso.
still.	tranquillo, quieto, fermo.
stinking.	puzzolente.
stooping.	chino, curvo.
straight.	stretto, ristretto.
stranger.	straniero, forestiere.
strong.	forte, gagliardo.
subtil.	sottile.
such.	tale.
sudden.	subite, repentino.

sunny

sunny. aprico.
sure. sicuro, certo.
surviving. sopravvivente.
sweet. soave, dolce.
swift. veloce, rapido, ratto.
tall. alto.
tender. tenero.
terrible, cruel. terribile, crudele.
thankful. grato.
thick. grosso, folto, denso, spesso.
thin, slender. sottile, gracile, smunto, snello, svelto.
nimble. agile.
worn. logoro, frusto.
torn. lacero, stracciato, sdruscito.
treacherous. perfido.
trembling. tremante, trepido.
troublesome. fastidioso, dispiacevole, nojoso.
true. vero, verace.
twin. gemello.
vain. vano.
valiant. valoroso, bravo, valente.
unable. inabile, incapace.
unmarried, batchelor. smogliato, scapolo.
unsavoury. insipido, scipito.
unwilling. non volendo, contro voglia.
upwards, lying on the back. supino.
utmost. estremo, ultimo.
wandring. vagabondo, errante.
wanton, lascivious. lascivo.

weak

weak.	debole, fiacco.
wealthy.	ricco.
weary.	fiacco, laſſo, ſtanco, ſtracco.
wet.	bagnato, molle.
which of the two?	qual di due?
white.	bianco, candido.
whole.	tutto, intiero.
wicked.	cattivo, perverſo, pravo.
wild.	ſalvatico, feraſtico.
wiſe.	prudente, ſaggio, ſavio, accorto.
witty, facetious.	ſpiritoſo, faceto, ſcherzevole.
wonderful.	maraviglioſo, mirabile.
worſe.	peggiore.
worſhipful.	venerabile.
worthy.	degno.
wounded.	ferito.
yearly.	annuale.
yellow.	giallo.

The Principal Numeral Adjectives.   Aggettivi Numerali Cardinali.

1 ONE.   UNO.
2 two.   due.
3 three.   tre.
4 four.   quattro.
5 five.   cinque.
6 ſix.   ſei.
7 ſeven.   ſette.
8 eigth.   otto.
9 nine.   nove.
10 ten.   dieci.
11 eleven.   undici.

12

12	twelve.	dodici.
13	thirteen.	tredici.
14	fourteen.	quattordici.
15	fifteen.	quindici.
16	sixteen.	sedici.
17	seventeen.	diciassette.
18	eighteen.	diciotto.
19	nineteen.	diciannove.
20	twenty.	venti.
21	one and twenty, &c.	ventuno, ec.
30	thirty.	trenta.
40	forty.	quaranta.
50	fifty.	cinquanta.
60	sixty.	sessanta.
70	seventy.	settanta.
80	eighty.	ottanta.
90	ninety.	novanta.
100	a hundred.	cento.
200	two hundred.	dugento.
300	three hundred.	trecento.
400	four hundred.	quattrocento.
500	five hundred.	cinquecento.
600	six hundred.	seicento.
700	seven hundred.	settecento.
800	eight hundred.	ottocento.
900	nine hundred.	novecento.
1000	a thousand.	mille.
2000	two thousand.	duemila.
3000	three thousand.	tremila.
4000	four thousand.	quattromila.
5000	five thousand.	cinquemila.
6000	six thousand.	seimila.
7000	seven thousand.	settemila.
8000	eight thousand.	ottomila.
9000	nine thousand.	novemila.

10000	ten thousand.	diecimila.
20000	twenty thousand.	ventimila.
30000	thirty thousand.	trentamila.
50000	fifty thousand.	cinquantamila.
100000	a hundred thousand.	centomila.
200000	two hundred thousand.	dugentomila.
500000	five hundred thousand.	cinquecentomila.
1000000	a million.	un milione.
2000000	two millions.	due milioni.
3000000	three millions.	tre milioni.
4000000	four millions.	quattro milioni.
10000000	ten millions.	dieci milioni.
20000000	twenty millions.	venti milioni.
100000000	an hundred millions.	cento milioni.

Of Distributives.   *Distributivi.*

Each one.   Uno alla volta.
one by one.   a uno a uno.
two by two.   a due a due, a due.
three by three.   a tre a tre, a tre.
four by four, &c.   à quattro a quattro, ec.

Of Numeral Adverbs.   *Avverbj Numerali.*

Once.   Una volta.
twice.   due volte.
thrice.   tre volte.
four times, &c.   quattro volte, ec.

Il fine degli Aggettivi.

Of Verbs. De' Verbi.

To inhabit.	Abitare.
to abolish.	abolire, cassare.
to misuse.	abusarsi, far mal uso.
to abound.	abbondare.
to forsake.	abbandonare.
to bark.	abbajare.
to burn.	abbruciare, bruciare, ardere.
to embrace.	abbracciare.
to accuse.	accusare.
to agree, to grant.	acconsentire, concedere.
to bring near.	accostare, avvicinare.
to hasten.	accelerare, affrettare, affrettarsi.
to kindle,	accendere.
to light the candle.	accendere la candela.
to nod.	accennare, far cenno col capo.
to perceive.	accorgersi.
to pitch a camp, to camp.	accampare, attendere.
to stick.	aderire.
to adorn.	adornare, ornare, parare.
to be angry.	adirarsi, sdegnarsi.
to flatter.	adulare.
to worship, to serve God.	adorare, servire Dio.
to afflict.	affligere.
to weary.	affaticare, stracciare, stancare.
to weary one's self.	affaticarsi, straccarsi, stancarsi.
to add.	aggiugnere.
to whet.	aguzzare, arrotare.
to yoke, to couple.	aggiogare, accoppiare.

to

to asswage.	agevolare, disasprire, disacerbare.
to allure.	allettare, lusingare.
to ease, to alleviate.	allegerire, sollevare, alleviare.
to lift up.	alzare, innalzare, sollevare.
to bray (as in a mortar)	ammaccare, acciaccare (nel mortajo)
to be ambitious.	ambire, essere ambiziosa.
to kill.	ammazzare, uccidere.
to love.	amare.
to marry, to take a wife.	ammogliarsi, pigliar moglie
to be sick.	ammalarsi, o essere ammalato.
to advise.	ammonire.
to breathe short, and with difficulty, to be out of breath.	anelare, ausare, ripigliare il fiato con frequenza e difficoltà.
to go.	andare, gire, ire.
to go away.	andarsene.
to hunt.	andare a caccia.
to step.	andare.
to water.	annaffiare, innacquare, irrigare, adacquare.
to knit.	annodare.
to grow black.	annerarsi, divenir nero.
to fetch, or to go for one.	andar a cercare, andare per....
to pitch, or light.	andar a fondo di un vaso, far posatura.
to wander.	andar vagabondo, vagabondare.
to appear.	apparire.
to apply.	applicare.

to appoint.	appuntare, determinare, stabilire.
to belong.	appartenere.
to clap the hands.	applaudire, batter le mani.
to dote upon.	appassionarsi, essere appassionato.
to gape, or open.	aprirsi, fenderfi.
to hang.	appiccare, attaccare, essere appiccato, pendere.
to lean on.	appoggiarsi.
to let, to hire, to leafe out.	appigionare, dare a pigione
to open.	aprire, spalancare.
to wither, to fad away.	appassire.
to arm.	armare.
to arrive.	arrivare, approdare.
to blush.	arrossire, vergognarsi.
to plough.	arare.
to roast.	arrostire.
to be absent.	assentarsi, essere assente.
to assure.	assicurare.
to forbear, to abstain.	astenersi.
to hearken.	ascoltare.
to hedge.	assiepare.
to hide.	ascondere, nascondere, nascondersi, occultare.
to taste, to touch lightly.	assaggiare, toccar leggermente.
to quit, to acquit.	assolvere.
to wait for.	aspettare.
to cleave to.	attaccarsi, stare attaccato.
to draw water.	attingere.
it irketh.	attedia, annoja, infastidisce.
to increase.	aumentare, accrescere, aumentarsi, crescere.

to

to use one's sels, to be wont, or accustomed.	avvezzarsi, accostumarsi, assuefarsi.
to have.	avere.
to be afraid, or to fear.	aver paura, temere.
to be cold.	aver freddo.
to be hot.	aver caldo.
to be hungry.	aver fame.
to taste.	aver sapore, o gusto.
to be thirsty.	aver sete, esser sitibondo.
to banish.	bandire, esiliare.
to be banished.	.... esser bandito, esiliato, esule, fuoruscito.
to beat.	battere, percuotere.
to be beaten.	... esser battuto, e percosso.
to dance.	ballare, danzare.
to falter.	barcolare, star per cadere.
to kiss.	baciare.
to bless, to make happy.	beatificare, far beato, render felice.
to bless.	benedire.
to drink.	bere, bevere.
to drink to.	... far brindisi, bere alla salute d'uno.
it behoveth, needful.	bisogna, fa di mestieri, fa d'uopo.
to blame.	biasimare, biasmare.
to mutter.	borbottare, parlar fra denti.
to boil.	bollire.
to wish.	bramare, desiderare.
to long.	bramare, aver gran voglia di....
to change.	cangiare, cambiare, scambiare.
to chastise.	castigare, punire.

to draw out.	cavar fuori, metter fuori.
to fall.	cascare, cadere.
to sing.	cantare.
to tread on.	calpestare.
to walk.	camminare.
to yield.	cedere.
to sup.	cenare.
to seek.	cercare.
to cease.	cessare.
to call.	chiamare, domandare.
it is clear.	chiara cosa è.
to chatter.	ciarlare, cicalare.
to compass about.	cingere, cignere.
to frown.	cipigliare, far cipiglio.
to become, or beseem.	convenire.
to begin.	cominciare, incominciare.
to buy.	comprare, comperare.
to chide.	contrastare, litigare, venire a parole.
to coin, to forge.	coniare.
to comfort.	confortare, consolare.
to command.	comandare.
to commit.	commettere.
to compel.	costringere, forzare.
to condemn.	condannare.
to confess.	confessare.
to confute.	confutare.
to consume.	consumare.
to consume, to waste.	consumarsi.
to contain.	contenere.
to contend, or to struggle	contrastare.
to convince.	convincere.
to consult, or to counsel.	consultare, o configliare.
to cove.	coprire.
to defile.	contaminare, macchiare, imbrattare.

to

to deliver to.	consegnare, dar nelle mani.
to fight.	combattere, duellare.
to gather.	cogliere.
to go on.	continuare, proseguire.
to grant.	concedere.
to be kind, or indulgent.	condiscendere, essere indulgente.
to pity.	compatire, aver pietà, misericordia, compassione.
to run.	correre.
to season.	condire.
to smite.	colpire.
to view, to consider.	considerare, contemplare.
to believe.	credere.
to crack.	crepitare.
to create.	creare.
to grow, to grow up.	crescere, divenire adulto.
to keep safe, or to secure.	custodire.
to dress meat.	cucinare.
to sow, or stitch.	cucire.
to set out, to put forth.	dare in luce, pubblicare.
to waste, to lay waste, to plunder.	dare il guasto, saccheggiare.
to welcome.	dare il benvenuto.
to give.	dare.
to dedicate.	dedicare.
to desire.	desiderare.
to desire, or to appoint.	destinare, determinare, appuntare.
to dine.	desinare, pranzare.
to cheat.	defraudare, ingannare.
to ask.	dimandare, domandare.
to become, or be made.	divenire, diventare, farsi, esser fatto.
to defend.	difendere.

to delight.	dilettare, dilettarsi.
to demand.	dimandare, domandare.
to despise.	disprezzare, sprezzare.
to destroy.	distruggere.
to devour.	divorare.
to direct.	dirigere, indirizzare.
to disagree.	dissentire, sconsentire, discordare.
to disjoint.	dislogare, slogare.
to dispatch.	dispacciare, sbrigare.
to displease.	dispiacere, spiacere.
to dissemble.	dissimulare.
to dissuade.	dissuadere.
to distinguish, to discern.	distinguere, discernere.
to divide.	dividere.
to dry.	disseccare, seccare, asciugare.
to dry, to grow dry.	disseccarsi, seccarsi.
to entice, to dispose.	disporre, lusingare.
to forget.	dimenticarsi, scordare.
to grin, to fret.	digrignare, vessarsi, affligersi, affannarsi, travagliarsi.
to lessen.	diminuire.
to paint.	dipingere.
to tame, to subdue.	dimesticare, domesticare, addimesticare, domare, soggiogare.
to say.	dire.
to owe.	dovere.
to sleep.	dormire.
to doubt.	dubitare.
to raise, to move.	eccitare, muovere, movere.
to stir up.	eccitare, commovere, stuzzicare.

to bring up.	educare, allevare.
to fill.	empiere.
to amend, to correct.	emendare, correggere.
to stuff.	empiere, riempiere.
to setupon with violence	entrar con violenza.
to enter.	entrare.
to harrow.	erpicare, marreggiare.
to raise, to erect.	erigere, innalzare.
to cry out.	esclamare, gridare.
to curse.	esecrare, maledire.
to examine.	esaminare.
to execute.	eseguire.
to exhort, to encourage.	esortare, incoraggiare.
to be present.	essere, o trovarsi presente.
to be strong.	essere in vigore.
to be skilful i.	esser pratico, aver esperienza, saper l'arte.
to ly open.	essere spalancato.
to be lawful.	esser lecito.
to be hoarse.	esser fioco, o roco.
to be grieved, or to feel pain.	esser addolorato, o sentirsi male.
to be famous.	esser famoso.
to be bald.	esser calvo.
to be distant, to be at distance.	esser distante.
to be a surety.	esser mallevadore, far sicurtà.
to sway, to prevail.	esser prepotente, prevalere.
to think, or to suppose.	essere di parere, opinare.
to be vigorous.	essere in vigore.
to grow out of use.	essere disusato, non esser più in uso.
to be wet.	esser bagnato, o molle.
to build.	fabbricare, edificare.

to devife.	fantafticare, arzigogolare.
to do.	fare.
to make.	fare.
to wink.	far d'occhio.
to purchafe.	far compra di ftabili.
to run, or fally out.	fare una fortita, o fcorreria.
to make fruitful.	fecondare, render fertile.
to cleave.	fendere, sfendere.
to ftop.	fermare, arreftare.
to faften, or derive in.	ficcare, fiffare.
to feign.	fingere.
to finish, to end.	finire, terminare.
to flourish.	fiorire.
to hifs.	fifchiare, fibilare.
to fmell.	fiutare, odorare, gettar odore.
to fpin.	filare.
to truft.	fidare, confidare, fidarfi di....
to form.	formare.
to fortify, to ftrengthen.	fortificare, munire.
to found.	fondare.
to polish.	forbire, polire, pulire, nettare.
to dreak open.	fracoffare.
to rub.	fregare, ftropicciare.
to fly from.	fuggire, fuggirfene.
to beget.	generare.
to caft.	gettare, lanciare.
to groan.	gemere.
to help.	giovare, ajutare.
to lye along.	giacere, effere coricato.
to play.	giuocare.
to fvear.	giurare.

to govern.	governare.
to swell, to blow in.	gonfiare, soffiar dentro.
to swell, to be swell'd.	gonfiarsi, enfiersi.
to enjoy.	godere.
to bawl.	gridare, strillare.
to prate.	gracchiare, garrire.
to claw, to scratch.	grattare.
to beware.	guardarsi, star guardingo.
to heal.	guarire, saldare.
to taste.	guastare.
to besmear.	imbrattare.
to learn.	imparare, apprendere.
to grow pale.	impallidire.
to pollute.	imbrattare, lordare, insudiciare.
to hinder.	impedire.
to imitate.	imitare.
to be rotten.	imputridirsi.
to be benumbed, or to be stiff.	intirizzire, aggiadare, essere intirizzito.
to charge.	incaricare, comandare.
to deceive.	ingannare.
to envy.	invidiare.
to grave, or to carve.	intagliare.
to be mad.	infuriare, dar nelle furie.
to rage.	inasprire, incrudelire.
to stumble.	inciampare.
to teach.	insegnare.
to understand.	intendere.
to undertake.	intraprendere, imprendere.
to be luke-warm, or a little hot.	insipidirsi.
to invent.	inventare.

to engrave.	incidere.
to meet one by chance.	incontrare a caso.
to bewail, to beat one's breast.	lamentarsi, lagnarsi, percuotersi il petto.
to complain.	lamentarsi, lagnarsi.
to lament, to weep.	lamentarsi, piangere.
to labour.	lavorare.
to languish.	languire.
to leave.	lasciare, tralasciare.
to tear.	lacerare, sbranare.
to wash.	lavare.
to bequeath.	legare, far legati, lasciare per testamento.
to bind.	legare.
to bind with twigs.	legar con vinchi, avvinchiare.
to lick.	leccare.
to read.	leggere.
to deliver from.	liberare.
to file.	limare.
to melt.	liquefare, struggere, liquefarsi, struggersi.
to wear out, or to bray.	logorare.
to vant.	mancare di... desiderare.
to be wanting.	mancare, esser mancante, o senza.
to disappoint.	mancare.
to wonder, to admire.	maravigliare, ammirare.
to blot.	macchiare.
to eat.	mangiare.
to grind.	macinare.
to handle.	maneggiare.
to be married, as the woman is.	maritarsi, pigliar marito.
to send.	mandare.

to lead.	menare, condurre, guidare.
to lye.	mentire, dir bugia.
to meditate.	meditare.
to mingle.	mescolare, mischiare.
to aim at.	mirare, aver mira, pigliar la mira.
to appease.	mitigare, placare.
to measure.	misurare.
to mow, and also to reap.	mietere.
to threaten.	minacciare.
to bite.	mordere.
to murmur.	mormorare.
to show.	mostrare.
to die, or dye.	morire.
to bellow.	muggire, mugghiare.
to milk.	mugnere.
to move.	movere.
to roar, like the sea.	mugghiare.
to arise, to be born.	nascere.
to cleanse, or to purge.	nettare, purgare.
to snow.	nevigare, nevicare.
to purge with washing.	nettare lavando.
to deny, refuse.	negar, dir di nò, ricusare.
to freight a ship.	noleggiare.
to name.	nominare.
to swim.	nuotare.
to nourish.	nutrire, nutricare.
to hurt.	nuocere.
to obey.	obbedire, ubbidire.
to hide.	occultare, nascondere, ascondere, nascondersi.
to hate.	odiare.

to offend, to sin.	offendere, peccare, far peccato.
to overwhelm.	opprimere.
to dare.	osare, ardire, aver ardimento.
to get, to acquire, to obtain.	ottenere, acquistare.
to bring forth young.	partorire.
to depart.	partirsi, andar via.
to feed.	pascere, cibarsi, nutrirsi, mangiare.
to feel softly.	palpare.
to bargain.	pattuire.
to labour with child, or to be in labour.	partorire, esser di parto.
to beat, as the heart doth.	palpitare.
to pay.	pagare.
to pay for, to suffer for.	pagare il fio.
to speak.	parlare, favellare.
to spend one's life.	passare, o menar la vita.
to walk gently.	passeggiare.
to bake, properly, to bray in a mortar.	pestare.
to comb.	pettinare.
to forgive.	perdonare, condonare.
to lose.	perdere.
to penetrate, or to pierce.	penetrare, o forare.
to perish.	perire.
to permit, to give leave.	permettere.
to persevere, to continue.	perseverare, continuare.
to perswade.	persuadersi.
to repent.	pentirsi.
to sin.	peccare.

to strike.	percuotere.
to think.	pensare.
to fold.	piegare.
to bend.	piegare, pendere, inclinare.
to hire a house, a coach, or horse.	pigliare a pigione, a vettura.
to itch.	pizzicare, prurire.
to knock.	picchiare, battere.
to mourn for.	piangere, attristarsi.
to piss, to make water.	pisciare, orinare.
to please.	piacere.
it pleaseth.	piace.
to rain.	piovere.
to take.	pigliare, prendere.
to take, or to go to take, or to fetch.	pigliare, o andar a pigliare, a prendere.
to weep.	piangere, piagnere.
to bring.	portare, apportare, recare, arrecare.
to bear, to carry, or to convey.	portare, careggiare.
to may, or can.	potere.
to ponder, to examine.	ponderare, esaminare, pesare.
to put.	ponere, porre.
to take away.	portar via.
to betroth.	promettere in isposa.
to forbid.	proibire, vietare.
to fall down.	precipitare, rovinare.
to foretel.	predire, presagire.
to intreat.	pregare.
to intreat humbly, to beseech.	pregare umilmente, supplicare.
to pray.	pregare.
to prepare.	preparare.

to press.	premere, pigliare.
to profess.	professare.
to proffer, to offer.	profferire, offerire.
to profit.	profittare.
to promise.	promettere.
to prove.	provare.
to provide.	provedere.
to produce.	produrre.
to provoke.	provocare.
to try.	provare, sperimentare.
to put off, to delay.	prolungare, indugiare.
to procure.	proccurare.
to care.	proccurare.
to prophane.	profanare, violare.
to prick.	pungere, pugnere.
to prop.	puntellare.
to punish.	punire, castigare.
to stink.	puzzare.
to bray.	ragliare.
to snatch.	rapire, toglier di mano.
to rejoyce.	rallegrarsi, godere, gioire.
to shave, and to raze.	radere.
to tell.	raccontare, narrare.
to wail.	ramaricarsi.
to wipe.	rasciugare, asciugarsi, tergere.
to climb.	rampicarsi, repere.
to gather, to gether.	raccogliere, ricogliere.
to breathe.	respirare, rifiatare.
to creep.	repere, andar carpone.
to reign.	regnare.
to rest, to remain.	restare, rimanere.
to rule.	regolare, reggere.
to smell sweetly.	rendere fragranza.
to be amazed.	restar attonito, maravigliarsi.

to dote.	rimbambire.
to enquire.	ricercare, interrogare, informarsi.
to relapse.	ricascare, ricadere.
to laugh.	ridere.
to linger, to delay.	ritardare, tardare, indugiare.
to patch.	risarcire, rappezzare, rattoppare.
to be quiet.	riposarsi, star in quiete, in riposo.
to cast off.	ripudiare.
to chide.	riprendere.
to claim.	riclamare.
to answer.	rispondere.
to arise.	rizzarsi, alzarsi.
to behold.	riguardare, considerare.
to turn.	rivoltare, voltare.
to acknowledge.	riconoscere.
to search.	ricercare, esaminare con diligenza.
to shine, to give light, to glitter, to be bright.	rilucere, splendere, risplendere, luccicare, scintillare.
to stay.	ritenere, rimanere, restare.
to receive.	ricevere.
to reduce.	indurre.
to refuse.	rifiutare, ricusare.
to remember.	ricordarsi, ridursi a memoria.
to return.	ritornare, tornare, rendere
to break.	rompere, spezzare.
to gnaw.	rodere.
to roar.	ruggire, rugghiare.
to rowl.	ruotolare.

to snore, or snort.	russare.
to steal.	rubare.
to go up, to get, or mount up.	salire, ascendere, montare.
to know.	sapere, conoscere.
to leap, or skip for ioy.	saltare per allegrezza, ringalluzzare.
to sacrifice.	sagrificare, sacrificare.
to salt.	salare, insalare.
to satisfy, to cloy.	satollare, saziare.
to leap.	saltare.
to gape, or yawn.	sbadigliare, sbavigliare.
to mistake.	sbagliare, ingannarsi.
to blot out.	scancellare, cassare.
to choose.	scegliere.
to dig.	scavare, cavare, zappare.
to escape.	scappare, scampare.
to exchange.	scambiare, cambiare.
to excuse.	scusare, iscusare.
to flow.	scorrere.
to flow from.	scaturire.
to hiss off the stage.	scacciare a fistbiate.
to loosen.	sciogliere.
to turn out, to drive away.	scacciare, discacciare.
to write.	scrivere.
to shake.	scuotere.
to shun.	schivare, sfuggire.
to cherish, to keep warm.	scaldare, tener caldo.
to slide, and to fall.	sdrucciolare, e cascare.
to separate.	separare.
to serve.	servire.
to shut.	serrare, chiudere.
to sit.	sedere.
to sit, or lie down at table.	sedere a tavola.

to sow, or plant.	seminare, o piantare.
to bury.	seppellire, sotterrare.
to creep as a serpent.	serpere, serpeggiare.
to keep, or preserve.	serbare, o conservare.
to part asunder.	separare, disgiungere.
to follow.	seguire, seguitare.
to feel.	sentire.
to strive.	sforzarsi.
to challenge.	sfidare, disfidare.
to endeavour.	sforzarsi, far ogni sforzo, ingegnarsi.
to remove from one place to another.	sgomberare, sgombrare.
to sob, to hick-up.	singhiozzare, singhiozzire.
to snuff the chandle.	smoccolare la candela.
to afford.	somministrare.
to amaze, surprize.	sorprendere.
to bear, to suffer.	sopportare, soffrire.
to blow.	soffiare.
to catch.	sorprendere, cogliere.
to choak.	soffocare.
to hang over.	sourastare.
to satisfy, to content.	soddisfare, contentare.
to quiet, to lull asleep.	sopire, addormentare.
to smile.	sorridere, arridere.
to sound.	suonare.
to suffer, to support.	soffrire, sopportare.
to sup, to swallow up.	sorbire, ingojare.
to sustain.	sostenere.
to tingle.	suonare, squillare.
to wipe, snift, or blow the nose.	soffiarsi il naso.
to urge.	sollecitare, costringere.
to affright.	spaventare, atterrire.
to brush, to sweep.	spazzare, scopare.

to forswear.	spergiurare.
to hope.	sperare.
to put off (cloaths)	spogliare.
to rob, to strip.	spogliare.
to quench.	spegnere.
to scatter.	sparpagliare.
to spit.	sputare.
to sprinkle.	spruzzare, aspergere.
to spring, or to burst out, as water doth, also to abound.	spruzzare, pullulare, scaturire, abbondare.
to spare.	sparagnare, risparmiare, e talvolta dare, lasciar avere, concedere.
to stain.	spremere, selvare.
to thrust.	spingere, ficcare.
to take a walk.	spasseggiare.
to study.	studiare.
to sneeze.	sternutare.
to stand.	star in piedi.
to stretch.	stendere, distendere.
to rustle, to make a noise.	stridere.
to establish.	stabilire.
to esteem.	stimare.
to crack.	stiacciare.
to disengage.	strigare.
to throw down.	stramazzare.
to vanish away.	svanire, dileguarsi.
to unfold, to explain.	sviluppare, spiegare.
to awake.	svegliare, destare, svegliarsi, destarsi.
to pluk.	svellere, strappare, cogliere.
to suck.	succiare, suggere.
to suppose.	supporre.

to sweat.	sudare.
to prompt.	suggerire.
to cut.	tagliare.
to hold one's peace.	tacere.
to be silent.	tacere, star zitto.
to tarry.	tardare, star a bada.
to attempt.	tehtare, intentare.
to hold.	tenere.
to weave.	tessere.
to dip, to dye, or to colour.	tingere, tignere, colorire, macchiare.
to draw.	tirare, strascinare.
to endure.	tollerare, sopportare, aver pazienza.
to shear.	tosare.
to touch.	toccare.
to wrest.	torcere.
to betray.	tradire.
to convey away.	trafugare.
to find.	trovare, ritrovare.
to shake, or tremble.	tremare.
to thunder.	tuonare.
to duck.	tuffare.
to brag.	vantarsi, millantarsi.
to cry as an infant.	vagire.
to stagger.	vacillare, traballare, barcolare.
to be worth.	valere.
to bear.	udire.
to cloath.	vestirsi.
to come.	venire.
to pour.	versare.
to revenge.	vendicare.
to sail.	veleggiare, far vela.
to see.	vedere.

to sell.	vendere.
to be ashamed.	vergognarsi.
to be sold.	venale, da vendere.
to vex, to fret.	vessare, vessarsi, inquietare, inquietarsi.
to put on.	vestirsi, mettersi addosso.
to be green, to wax green.	verdeggiare.
to anoint.	ugnere, ungere.
to brandish, to throw.	vibrare, lanciare.
to overcome.	vincere.
to go to see, to visit.	visitare.
to live.	vivere.
to break, to transgress.	violare, trasgredire.
to join.	unire, congiungere.
to fly.	volare.
to be willing.	volere.
to be unwilling.	non volere.
to have rather.	voler piuttosto.
to be loud, to bawl.	vociferare, gridare.
to vomit.	vomitare, recere.
to vow.	votare, o botare, far voto.
to howl.	urlare, ululare.
to go forth, or out.	uscire.
to use.	usare, servirsi di... adoperare, far uso di... usare, esser solito, esser avvezzo.
to be silent, hold your tongue.	zitto.

Phra-

Phrases in common
Discourse.

Parti di Comune Dialoge.

HOW do you do, Sir, Madam?	COme sta, mio Signore, Madama, mia Signora?
well, at your service.	ben per servirla, al suo servizio.
I thank you.	la ringrazio.
I return you tanks.	le rendo grazie.
will you go?	vuol andare?
come, stay with me, to dine, to sup, to court, to church, to play, to take a walk.	venir, restar meco, a pranzo, a cena, a corte, alla chiesa, alla commedia, a spasseggiare.
where do you go, or will you go?	dove va, o vuol andare?
I come from thence.	ne vengo.
I go there.	vi vado.
I don't care for it.	non me ne curo.
I don't know what to do with it.	non saprei che farne.
don't.	non faccia.
do.	lo faccia.
I pray.	lo priego.
do me the favour.	mi faccia il favore, mi favorisca di ce.
I won't.	non voglio.
I can't.	non posso.
I woul if i could.	vorrei, se potessi.
I could if i would.	potrei, se volessi.
I wish to God i could.	volesse Dio ch'io potessi.
I'd do it with all my heart.	lo farei di tutto cuore.

I like

I like it.	mi piace.
I don't like it.	non mi piace.
I think so.	mi pare così, sono di questo parere.
I can't help it.	non so che farci.
I couldn't help.	non poteva fare a meno di...
I wonder at it.	me ne maraviglio.
I hate it.	l'ho in odio.
I would rather.	vorrei piuttosto.
I want strength.	le forze mi mancano.
I want no good will.	non manco di buona volontà.
I want to do it.	ho bisogno di farlo.
I will do it.	lo farò.
I say it.	io lo dico.
I long for it.	ne ho grandissima voglia, ne moro di voglia.
as for me.	io per me, in quanto a me.
I am weary on't.	ne sono annojato.
I am sorry for it.	me ne dispiace, mi duole.
I am glad on't.	ne godo, me ne rallegro.
I wish you joy.	la felicito.
I condole.	mi condolgo.
I pity you.	la compatisco.
I compassionate him.	ne ho compassione.
I laugh at it.	me ne rido.
I scorn it.	me ne burlo, ne fo beffe.
I am impatient for it.	ne sono impaziente.
I wish you well.	le desidero del bene.
I shall take it for a favour.	l'avrò per favore.
I don't know what you say.	non so quel che dica.

I am

I am glad to see you in good health.	godo vederla in buona salute.
I'll wait upon you.	verrò da lei.
I shant'fail.	non mancherò.
I'll lay a wager.	farò scommessa, scommetterò.
I am angry.	sono in collera.
I am mightily oblig'd to you.	le sono molto obbligato.
I shan't forget it.	non me ne scorderò.
I have done.	ho finito.
I ask your pardon.	le domando scusa.
I'll endeavour to do it.	m'ingegnerò di farlo.
I'll use all my endeavour.	farò tutti i miei sforzi.
I'll do what i can.	farò quanto posso.
I ought to do it.	è mio obbligo.
It is my duty.	è mio dovere.
I am concern'd for it.	vi prendo parte, me ne affliggo.
I don't understand you.	non l'intendo.
I am told.	mi vien detto.
I was told.	mi fu detto.
I have guess'd it.	l'ho indovinata.
I don't value.	non istimo.
I won't give you any trouble.	non voglio darle incomodo.
I want.	ho bisogno.
I am in want.	sono in bisogno.
I am in haste.	sono in fretta.
I protest and vow.	protesto e giuro.
I am very ready to.	son prontissimo a....
I assure you.	l'assicuro.
I'll follow you.	la seguirò.
I don't know him.	non lo conosco.

I ne-

I never saw him.	non l'ho mai visto.
I know her by sight.	la conosco per vista.
believe me.	mi creda.
answer me.	mi risponda.
hear me.	mi senta, m'ascolti.
let me alone.	mi lasci stare.
write to me.	mi scriva.
speak to me.	mi parli.
defend me.	mi difenda.
pardon me.	mi scusi.
send me.	mi mandi.
tell me.	mi dica.
give me.	mi dia.
honour me with, &c.	mi onori di, ec.
let me do.	mi lasci fare,
bring me, carry me.	mi porti.
tourn your self to me.	mi si volti.
don't offend me.	non m'offenda.
do me the favour.	mi favorisca.
what do you think on't?	che ne pensa? che gliene pare?
what do you say on't?	che dice? che ne dice?
what is it?	che cosa è?
what's' o'clock?	che ora è?
what news?	che nuova?
what do they say on't?	che si dice? che se ne dice?
what weather is it?	che tempo fa?
what a pity!	che peccato!
what does it signify?	che importa?
what do i care for it?	che m'importa?
what then?	e bene?
what do you mean?	come a dire? come?
what's that to the purpose?	che ci ha a far, questo?

what

what are you doing?	che sta facendo? che va facendo?
what do you want?	che vuole? che desidera? che dimanda?
what have you done?	che ha fatto?
what's the matter?	che c'è di nuovo?
what you please.	quel che le piace.
what a booby!	che animale! che bestia! che sciocco!
what a fool!	che pazzo!
what a coxcomb!	che frascone! che minchionello!
what a beauty!	che bellezza!
what a fine creature!	che bella creatura!
what have i to do with it?	che v'ho io da fare?
what ever it be.	sia che si voglia.
what if i did?	e s'io l'avessi fatto?
what will come on't?	che sarà mai?
what shall i do?	che farò io? che deggio fare?
what sort of a man is he?	che sorta d'uomo è egli?
what shall we do?	che faremo?
what will all this come to?	a che servirà tutto questo?
what a wonderful thing!	che mirabil cosa!
what can be worse?	che v'è mai di peggio?
what should i do then?	e allor che farei?
what a fine song!	che bell'arietta!
charming!	bellissima!
what sort of wine will you drink?	che vino vuole?
what need is there?	che necessità v'è?
what will you lay?	che vuole scommettere?

what do you intend to do?	che penſa di fare?
what's your intention?	che intenzione ha?
what's that to you?	che le importa?
'tis needful.	biſogna, è d'uopo.
out of neceſſity.	per neceſſità.
upon my honour.	ſu l'onor mio.
upon my word.	ſu la mia parola.
be ſure on't.	ne ſia ſicura.
depend upon't.	ne ſia certa, non ne dubiti.
depend upon me.	ſi ripoſi ſopra di me.
whithout doubt.	ſenza dubbio.
you'll ſee it.	lo vederà, ſe ne accorgerà.
with your leave.	con ſua licenza.
by permiſſion.	con licenza.
by command.	per ordine ſovrano.
'tis no matter, it does not ſignify.	non importa.
it does not avail.	non giova.
it ſeems to me.	mi pare, par a me.
if it be poſſible.	ſe ſarà poſſibile.
there is no need of it.	non ve n'è biſogno.
thanks be to God.	grazie a Dio.
you had a very narrow eſcape.	l ha ſcampata buona.
God be prais'd.	lode a Dio.
take care of your ſelf.	s'abbia cura.
he is my good friend.	è mio buon amico.
who can bear it?	chi può ſoffrirlo?
who's there?	chi è là?
who dares to do it?	chi ardiſce di farlo?
who trinks on't?	chi ci penſa?
who cares for it?	chi ſe ne cura?

who values it?	chi lo stima?
who calls?	chi chiama?
who comes?	chi viene?
who goes away?	chi se ne va?
who commands it?	chi lo comanda?
who would ever have thought on't?	ebi l'avria mai pensato?
how much? how much does it cost?	quanto? quanto vale? quanto costa?
how can you do it?	come può farlo?
how long have you been come?	quanto è ch'è venuta?
how long have you been?	quanto è stato?
how long ago?	quanto tempo fa?
how long will you stay?	quanto tempo resterà?
how old are you?	quanti anni sono?
how rashly!	quanto temerariamente!
how much greater!	quanto più grande!
how long shall I bear it?	sino a quando lo soffrirò?
when will you come?	quando verrà?
how far is it?	quanto lontano?
how now?	che vuol dir questo?
how is it that?	per qual cagione?
how does corn sell?	quando si vende il grano?
how small soever	per picciolo che sia
how many soever	per quanti siano
however the matter stands	comunque sia la cosa
however I wish'd for it	per quanto io lo desiderassi

S ho-

however it be	comunque si sia
how is it possible?	com' è possibile?
how could I?	come potrei?
how comical!	quanto ridicoloso!
how soon?	in quanto tempo?
how long have you not seen, &c.?	quant' è che non ha visto, &c.
how much better it would be	quanto meglio sarebbe
how much worse would it have been	quanto peggio saria stato
how well he sings!	quanto canta bene!
how do you like? did you like?	come le piace? le piacque?
how can you say so?	come può dire così?
when shall I see you again?	quando la rivedrò?
when will you come again?	quando ritornerà?
when do you think it will be?	quando pensa che sarà?
when shall I send for it?	quando manderò a pigliarlo?
when you please	quando le piace, quando vuole
when shall it suit your conveniency?	quando le sarà comodo?
when will you do me the honour?	quando mi vuole onorare?
don't you go	non se ne vada
dont't you do it	non lo faccia
don't come	non venga
don't tease me	non m'infastidisca
don't tell me	non mi dica

don't

don't think upon't	non ci penfi
don't make a noife	non faccia rumore
don't feur	non tema
don't forget it	non fe ne fcordi
remember it	fe ne ricordi
don't trouble your felf	non s'incomodi
be quiet	ftia fermo
be filent	ftia cheto
be good	fia buono
ftay a little longer	ftia un poco più
'tis too foon	è troppo di buon'ora
it is not late	non è tardi
there is time enough	v'è tempo abbaftanza
make hafte	faccia prefto
help your felf	fi ferva
go	vada
come	venga
fit down	fieda
come back	torni
don't ftay long	non ftia lungo tempo
very welcome	benvenuta-o
for good and all	per l'affatto
for a while	per qualche tempo
for a little while	per un poco
it was quite out of my mind	m'era ufcito di mente
'tis a loathfome thing	è cofa ftomachevole
is a furly man	è un' uomo faturnino
good-humour'd	di buon' umore
good-natur'd	di buon naturale
God blefs you	Dio la benedica
God fave you	Dio la falvi, guardi
much good may do you	buon pro le faccia

to your good health	alla sua salute
will you change place?	vuol cangiar di loco?
if you please	se le piace
turn on the right, on the left	volti alla dritta, alla manca
go straight	vada dritto
stop	si fermi
look	guardi
take care	si guardi
take care of it	se ne guardi
take heed what you do	guardi quel che fa
it lays heavy upon me	mi fa male al cuore
go away	vada via
go along	se ne vada
with good omen	in buonora
with bad omen	in malora
was you at court last night?	fu a corte jer notte?
will you there next friday?	vuol' andarci venerdì prossimo.
you are in the right	ha ragione
in the wrong	ha torto
it concerns you	le concerne, è di suo interesse
it becomes you	le conviene, le sta bene
it belongs to you	le appartiene
let it be as it will	sia come si voglia
'tis a desperate case	è un caso disperato
is in a deplorable condition	è in una condizione deplorabile
is called, is said	è chiamato, vien detto

'tis

'tis too much trouble for you	è troppo incomodo per lei
there is no trouble at all	non v' è incomodo alcuno
God defend me	guardimi Dio
'tis no wonder if	non è maraviglia se
are you in haste?	è in fretta?
do it softly	lo faccia adagio
go softly	vada bel bello, pian piano
go quickly	s'affretti
go before	vada innanzi
do you understand me?	m'intende?
do you know me?	mi conosce?
do you know that Lady?	conosce quella Dama?
can you tell me who is that Gentleman?	mi saprebbe dire chi è quel Gentiluomo?
good-morrow	buon dì, buon giorno
good night	buona notte
'tis very dirty	fa gran fango
is it holy-day, or work a day	è giorno di lavoro, o di festa?
'tis the king's brithday	è il giorno natalizio del Re
at what o'clock do you use to dine?	a che ora suol pranzare?
at three o'clock	alle tre
it is time to go to dinner	è ora di pranzo
you are as good as your word	è uomo di parola
the dinner is upon the table	il pranzo è in tavola

with your leave	con sua licenza
what shall we play at?	a che giocheremo?
what shall we play for?	di che giocheremo?
who is to deal?	chi fa le carte?
cut	alzi
you are to lead	tocca a lei
play	giochi
shuffle well the cards	mescoli ben le carte
we are up	siam fuori
how many games do you win?	quante partite guadagna?
I can bear it no longer	non ne posso più
enough for to day	basta per oggi
let us play at omber	giocchiamo all' ombre
spadill	spadiglia
manill	maniglia
basto	basto
punto	punto
matadores	mattadori, o sluccio
without	solo
whole	todo
spades	picche
clubs	fiori
hearts	cori
diamonds	quadri
a renounce	un saglio
to renounce	rinunciare
king	re
queen	dama
knave	fante
ace	asso
a pack	

a pack of cards	un mazzo di carte
play away	giochi
I see your cards	le vedo le carte
what king is call'd?	qual' è il re chiamato?
omber	l' ombre
quadrill	quadriglio
quintill	quintiglio
the pool.	la puglia
I'll go half with you	andrò a mezzo con lei
quits	patta
how many tricks have you?	quante bazze ha?
will you play for the whole?	vuol giocar per il todo?
I pass	passo
I ask	entro
say more	dica di più
beasted	rimessa
codill	codiglio
won	portata
a fish	la fiscia
a counter	il gettone
a shillin	uno scillino
at basset	alla bassetta
at picquet	a picchetto
pique	picco
repique	ripicco
game	partita
you owe me three fishes	mi deve tre fisce
let us stake	empiamo la puglia
a counter	una marca
a trick	una bazza
picked	il picchetto

the point	il punto
a tierce major	una terza maggiore
a tierce to the king	una terza al re
a quart	una quarta
a quint	una quinta
a sizieme	una sesta
a septieme	una settima
the whole suit	tutta la seguenza
fourteen aces	quattordici d'assi
three kings	tre re
ten by the cards	dieci delle carte
capot	capotto
who keeps the bank?	chi taglia?
parely	paroli
septalevà	sette a levare
I was fast asleep	dormivo profondamente
I sat up too late last night	vegliai troppo tardi jer notte
I have slept ill	ho mal dormito
I arose before day	mi sono levato innanzi giorno
I got not a wink of sleep all night	non ho chiuso gli occhi tutta notte
I cannot follow you	non posso seguitarla
I am in earnest	parlo seriamente
'tis really so	è realmente così
'tis matter of fact	è cosa di fatto
seriously speaking	seriamente parlando
'tis all the same to me	m'è tutt'uno
let us try	proviamoci
'tis a fine day	è una bella giornata
let us take a walk	andiamo a passeggiare

whi-

whither shall we go?	dove andremo?
let us go take the air in high park	andiamo a prender aria al gran parco
you go too fast	cammina troppo presto
go softlier	rallenti il passo, vada più adagio
let us rest a little	riposiamoci un poco
we shall have a great deal of rain	vuol piover molto
it is but a shower, it will be over soon	non è che una scossa, spioverà presto
it clears up	schiarisce
see what's a clock by your watch	veda che ora è al suo oriuolo
how do you call it?	come si chiama?
what's your name?	qual è il suo nome?
you are mistaken	s'inganna
there is	v'è
there is not	non v'è
it rains	piove
'tis good weather	fa bel tempo
bad	cattivo
the wind blows	fa vento
it snows	neviga, fiocca
it hails	grandina
'tis foggy	fa nebbia
the sun shines	fa sole
'tis cloudy	fa nuvolo
'tis stormy weather	fa tempesta
'tis calm	fa calma
the moon shine	v'è la luna
at moon light	a lume di luna
'tis dark	fa scuro
'tis very dark	fa bujo

'tis

'tis very cold	fa molto freddo
'tis very hot	fa molto caldo
put on your hat	si copra
don't you be uneasy about it	non se ne prenda fastidio
I wish it was so	vorrei che fosse così
give me leave	mi permetta
do you say it in earnest, or in jest?	dice da vero, o da burla?
he is his bosom friend	gli è amico di confidenza
I cou'dn't help it	non potrei prevederlo
how cou'd I help it?	come potev' io rimediarvi?
he has done it on purpose	l' ha fatto a posta
I lose by it	ci perdo
I don't get by it	non ci guadagnano
there is no profit	non v' è profitto
I don't know what I shou'd do	non so quel che farei
'tis very dear	è molto caro
too dear	troppo caro
very cheap	molto buonmercato
I had much ado to	ebbi molto che fare a
with much ado	con molta pena
I don't go there willingly	non ci vo di buona voglia
I wou'd have rather	avrei voluto piuttosto
I never saw the like	non ò mai veduto cosa simile
O Lord, have mercy upon me	misericordia, signore
'tis very troublesome	è di molto incomodo

he is very treublesome	è molto fastidioso
don't you meddle with it	non ci s'impacci
I won't meddle with it	non mi ci voglio impacciare
lat them do by themselves	gli lasci far da per loro
'tis very likely	è molto verisimile
when shall I have the pleausure to see you again?	quando avrò il piacere di rivederla? quando tornerà a favorirmi?
I shall be very glad to see you	mi faranno gran piacere le sue visite
I'll wait upon you	verrò a riverirla, sarò da lei
you have disappointed me	Vussignoria mi ha mancato
I won't be disappointed	non voglio che mi si manchi
I vou'dn't be disappointed	non vorrei che mi ci mancasse
remember your promise	si ricordi della promessa
the appointement was so	l'appuntamento era tale
that was our rendezvous	quello era il nostro ritruovo
and all like him	ed ogn'altro suo pari
'tis a thing to be done	è cosa fattibile
to be made use of	da farne uso, da valersene, da servirsene
I'll endeavour to do it	m'ingegnerò di farlo

I'll do all my endeavour	farò tutt' i miei sforzi
I'll do what I can	farò il mio possibile
no, for ought I know	no, ch' io sappia
no, that I remember	no, ch' io me ne ricordi
I do my duty	fo il mio dovere
make my compliment to	faccia i miei complimenti
my service to	porti i miei saluti a
I will	porterò le sue grazie
I shou'd desire you not to do it	la consiglierei a non farlo
this is my opinion	son di questo parere
very well, do it then	benissimo, lo faccia dunque
you may repent after	potrà pentirsene poi
there are many of a different opinion	ve ne son molti di diversa opinione
what will you say then?	e allora, che dirà?
oh poor thing!	poverino! poveretto! poverello!
from whence do you come?	donde viene?
there is a thorough fare	vi si trapassa
they pass through the garden	si passa per entro al giardino
be aware	stia sull' avviso
it would not be amiss	non saria mal fatto
what can we do?	che si può fare?
he's a good-humour'd man	è di buon umore
good natur'd	di buon naturale

ill

ill natur'd	maligno
he has a great deal of wit	ha molto spirito
he has a great deal of ready-wit	ha molta presenza di spirito
he has a great deal of humour	è molto faceto, è lepidissimo
he is of a gay conversation	è d'allegra conversazione
he is of a particular temper	è d'un umor particolare
one must humour him	bisogna secondarlo
go along the river	vada lungo la riviera
keep to the right-hand	si tenga a man destra
keep to the left	si tenga a man sinistra
is good, better, very good	è buono, migliore, buonissimo, ottimo
is bad, worse, very bad	è cattivo, peggiore, cattivissimo, pessimo
I have nothing to give you	non ho che darle
he is great in distress	è in grandissima calamità, miseria, distretta
he is a distressed man	è all'estremo, è presso a disperarsi
he is undone	è rovinato, è in ruina
so much the better for you	tanto meglio per lei
it does not signify to tell it	non giova il dirlo
let me tell you	lasci ch'io le dica
'tis all time lost	è tempo perduto
'tis not my fault	non è mia colpa

there is no occasion	non occorre
there is no need	non fa di bisogno
the king's good health &c.	alla salute del Re, del Principe, della Principessa e, di tutta la famiglia reale
let us toast	facciamo de' brindisi
Sir, your toast	mio Signore, il suo brindisi
my toast is the Duchess of	brindisi alla signora Duchessa di
I cannot drink without a crust	non posso bere senza un crostino
I'll call for the coffee	darò ordine per il caffè
stay for me	m'aspetti
we'll go together	andremo insieme
I was very near falling down	son quasi caduto
it wanted but little	mancò poco
when shall' I have the honour to see you again?	quando avrò l'onore di rivederla?
as soon as possible	più presto che sia possibile
I am engaged	sono impegnato-a
let me know it	me lo faccia sapere
I'll send you word	glie lo manderò a dire
lend me	mi presti
reach me	mi porga
I'll set you down at	lo porterò a
you cou'd guess at it	se lo poteva immaginare
it comes to thes purpose	vien in acconcio

it

it happens to the purpose	cade in acconcio
he did succeed	egli vi riuscì
last week	la settimana passata
next week	la settimana prossima
the week after next	la settimana di là
the following day	il giorno seguente
as you'll see hereafter	come vedrà in avvenire
we'll go there to morrow betimes	v'andremo domani di buon' ora
'tis time to go	è tempo d'andarsene
will you change place?	vuol cangiare di luogo?
will you be near the fire?	vuole star presso al fuoco?
let us sit a while on this banch	sediamo un poco su questa panca
because I am very much tired	perchè sono molto stanco-a
sit down by me	sieda quì accanto a me
go about your business	vada per li fatti suoi
what cou'd I do to have it?	che potrei far per averlo?
isn't it so?	non è egli così?
I wish I cou'd do it	vorrei poter farlo
I'd give any thing	darei qualunque cosa
'tis not in my power	non è in poter mio
be in the way	non s'allontani
I cou'dn't find it out	non potevo indovinarla
'tis a difficult matter	è cosa difficile
'tis almost impossible	è quasi impossibile
it has been thought	s'è pensato
whose thing is this?	di chi è questa cosa?
you have play'd very ill	ha giocato malissimo

pardon me.	mi scusi
I am mightily pleased with it	n'ho gran piacere
I will if you will	voglio se vuole
but suppose I cou'd	ma supponga che io potessi
it wou'd be very comical	saria molto da ridere
your servant	servitor suo, serva sua
I have nothing to say about it	non v'ho che dire
I am come to an end.	ne son venuto alla fine.

IL FINE.

TAVOLA
DI ALCUNE CONTRAZIONI,
O ABBREVIATURE PIU' DIFFICILI.

'tis.	it is.	mays't.	you may.
'tisn't.	it is not.	mayn't.	may not.
'twas.	it was.	shan't.	shall not.
'twasn't.	it was not.	couldn't.	could not.
'twill.	it will.	woudn't.	would not.
'twilln't.	} it will	shoudn't.	should not.
'twon't.	} not.	shouds't.	shouldeſt.
won't.	will not.	shoudsn't.	shouldeſt not.
won't ye?	will not you?	do't.	do it.
ha'ye?	have you?	let's.	let us.
han't.	have not.	on't.	on it.
han't ye?	have not you.	may't.	may it.
ben't.	be not.	he's.	he is.
ben't ye?	be not you?	here's.	here is.
don't.	do not.	there's.	there is.
don't ye.	do not you.	where's.	where is.
dos't.	do you.	by's.	by his.
durs't ye?	dareſt thou?	by'r.	by your.
dursn't.	dareſt not.	i th.	in the.
can't.	can not.	y^m.	them.
y^e.	the.	y^{ir}.	their.
y^t.	that.	y^u.	you.
y^n.	then.	y^r.	your.
		y^{rs}	

yʳˢ.	yours.	I'd.	I
o'er.	over.	thou'd,	thou
e'n.	even.	he'd.	he
I'll.	I	we'd.	we } would.
thou'll.	thou	you'd.	you
he'll.	he } will.	they'd.	they
we'll.	we	Mʳ.	Mafter, or Mi- fter.
you'll.	you		
they'll.	they	Mⁱˢ.	Miftrefs.
wᶜʰ.	which.	Capᵗ.	Captain.
wᵗʰ.	with.	Lᵈ.	Lord.
wʳ.	what.	My Lᵈ.	My Lord.
for't.	for it.	Lᵈʸ.	Lady.
e'r.	ever.	My Lᵈʸ.	My Lady.
n'er.	never.	Lᵈᵖ.	Lordship.
Jnᵒ.	John.	Lᵈʸᵖ.	Ladyship.
Wᵐ.	William.	Exᶜʸ.	Excelhency.
wtʸ.	weighty.	Mʸᵗ.	Majefty.

T A.

TAVOLA
DELLE COSE NOTABILI
Contenute in questa Grammatica.

Della pronuncia delle Lettere Inglesi. pag. 1
Della pronuncia delle vocali, e de' Dittonghi. ivi
Della pronuncia delle consonanti. 14
Della quantità delle sillabe, e dell' Accento delle parole nella lingua Inglese. 20
Tavola delle Voci, che sono accentate nella prima sillaba, quando significano il nome d' una cosa; e nell' ultima, quando significano un' azione. 22
Delle Parti dell'Orazione. 24
De' Nomi. ivi
Degli Articoli, e della Declinazione de' Nomi. 26
Della formazione del Numero del più dei Nomi sostantivi. 33
Dei tre gradi di Comparazione. 36
Della Derivazione de' Nomi. 37
In che maniera gli Aggettivi si formano dai sostantivi. 39
Declinazione de' Pronomi Personali. 43
Dell' uso de' Pronomi Personali. ivi
De' Pronomi possessivi. 46
—— Congiuntivi. ivi
—— Assoluti. 48
—— Dimostrativi. 51
—— Relativi. 53
Dei Verbi. 55

T 2 Con-

Conjugazione dei Verbi Auſiliari. 61
——— d' un Verbo regolare. 68
De' Verbi Irregolari. 72
Maniera di ſervirſi d' un Verbo in ogni ſentenza, Affermativa, Negativa, ed Interrogativa. 86
De' verbi Imperſonali di voce Attiva. 87
Del verbo Imperſonale di voce Paſſiva. 89
Dell' uſo de' tempi. 90
Del Preterito Indefinito. 92
Dell' Infinito. 94
De' Participj. 95
Degli Avverbj. ivi
Delle Congiunzioni. 100
Delle Propoſizioni. 101
Delle Interjezioni. ivi
Due oſſervazioni utiliſſime ſopra la Sintaſſi. 115
Eſercizj ſopra la Lingua Ingleſe. 124
Nomenclatore Ingleſe, ed Italiano. 141
Tavola di alcune Contrazioni, o Abbreviature più difficili. 289

RAC-

RACCOLTA
DI ALCUNI DETTI SPIRITOSI,

Che servono per l' Esercizio della Lingua Inglese.

A COLLECTION
OF SOME WITTY SAYINGS,

Serving for the Exercise of the English Tongue.

I.

Stando uno a vedere un ladro, che per giustizia era frustato intorno alla piazza; ed avendone compassione, perchè il meschino, benchè le spalle fieramente gli sanguinassero, andava così lentamente, come se avesse passeggiato a piacere per passar tempo, gli disse: cammina poveretto, ed esci presto di questo affanno. Allora il buon uomo rivolto, guardandolo quasi per maraviglia, stette un

I.

One seeing a Rogue whipped through the Streets, and heartily troubled that te Fellow, while the Blood stream'd down his Shoulders, went as slowly as if he had been walking for his Diversion: Step on faster, says he, poor Fellow, and get out of your Misery as soon as possible. The man stopp'd at this, and looking upon him for some little Time,

T 3

un poco senza parlare; poi disse: Quando sarai frustrato tu, anderai a modo tuo, ch'io adesso voglio andar al mio.

without saying a Word; at last, Sir, reply'd he, when you are whipp'd, you may walk according to your own fancy, and pray then let me walk after mine.

II.

Un certo sciocco Cortigiano, il quale era presente, un di che'l Duca Federico d' Urbino ragionava di ciò, che si dovesse far della gran quantità di terreno cavata per fare i fondamenti d' un Palazzo, che voleva fabbricare, disse: Signor mio, io ho pensato benissimo, dove e' s' abbia a mettere; ordinate, che si faccia una grandissima fossa, e quivi riponere si potrà senz' altro impedimento. Rispose il Duca Federico non senza risa: E dove metteremo noi quel terreno, che si caverà di questa fossa? Soggiunse l'altro: Fatela far tanto grande, che l'uno e l'altro vi stia. Cosi benchè il Duca più volte replicasse, che quanto la fossa si facea mag-

II.

A certain half witted Courtier one day being present when Frederick Duke of Urbino was discoursing where all the Earth should be put which was dug up, in order to lay the Foundation of a Palace he intended to build: My Lord, said he, I'll inform you how to dispose of it; dig a great Pit, and you may put it in there without further Trouble. But what shall we do, answer'd the Duke smiling, with the Earth dug out of the Pit? Why, added the other, make the Pit so great, as to contain both that and the other. Afterwards, though the Duke endeavour'd to beat it in to him, that the lar-

maggiore, tanto più terren fi cavava, mai gli potè capir nel cervello,ch'ella non fi poteffe far tanto grande, che l'uno, e l'altro metter non vi fi poteffe; nè mai rifpofe altro, fe non: fatela tanto maggiore.

larger the Pit was, the larger Quantity of Earth would come out of it; yet could he not perfuade him but that it might be fo large, as to contain all the Earth dog from both Places; nor could he get any thing out of him, but make it ftill greater.

III.

Sentendo un Sanefe leggere in Configlio certe lettere, nelle quali, per non dir tante volte il nome di colui, di chi fi parlava, era replicato queflo termine, il Prelibato, *diffe a colui, che leggeva: Fermatevi un poco quivi, e ditemi: Cotefto Prelibato è egli amico del noftro Comune?*

III.

A Gentleman of Siena hearing certain Letters read in Council, in which, to avoid the too frequent Mention of the Name of a particular perfon, the Term *Prelibato* (aforefaid) was ufed; faid to him that read, ftop a little here and tell me, it that Prelibato in the Intereft of the Commonwealth?

IV.

Quando i Signori Fiorentini facevano la guerra contro i Pifani, trovaronfi talor per le molte fpefe efaufti di denari: e par-

IV.

When the Florentines made war on the Pifans, they often were prefs'd hard for Money to carry it on: And one Day being

parlandosi un giorno in Consiglio del modo di trovarne per i bisogni, che occorreano, dopo l'essersi proposto molti partiti, disse un Cittadino de' più antichi: Io ho pensato due modi, per li quali senza molto impaccio, presto potrem trovar buona somma di denari; e di questi l'uno è: Che noi (perchè non abbiamo le più vive entrate, che le gabelle delle porte di Firenze) secondo che v' abbiam undici Porte, subito ve ne facciam fare undici altre; e così raddoppieremò quella entrata. L' altro modo è, che si dia ordine, che subito in Pistoja, e Prato s' aprino le zecche, nè più, nè meno come in Firenze, e quivi non si faccia altro, giorno, e notte, che batter denari, e tutti siano ducati d' oro: e questo partito (secondo me) è più breve, ed anco di minor spesa.

being met in Council, to consider how they might raise a Supply, after many Methods proposed, an ancient Citizen deliver'd him self thus: I have thought of two Ways whereby, without any great Trouble, we may furnish our selves with a confiderable Sum: The one is, that (since we have no Fund which brings Money so expeditiously in to our Treasury, as the Duty paid at the Gates of Florence) to the eleven Gates we now have, we should add eleven more; where by our Revenue must of course be doubled. The other is, that we immediately set up Mints in Pistoia and Prato, as we have in Florence and there coin Night and Day nothing else but Ducats of Gold: this last Way I am best pleased wit, as the most expeditious and least expensive.

V.　　　　　　　　　V.

V.

Fu dimandato a una Gentildonna, la quale stava in una gran festa di mala voglia, e sopra di sè, a che pensasse, che star la faceva così mal contenta; ed essa rispose: Io pensava ad una cosa, che sempre che mi si ricorda, mi dà grandissima noja, nè levar me la posso del core. E questo è, che avendo il dì del giudizio universale tutti i corpi a resuscitare, e comparir ignudi innanzi al tribunal di Cristo, io non posso tollerar l'affanno, che sento, pensando che il mio ancor abbia ad esser veduto ignudo.

V.

A lady, who was at a great Entertainment, appearing out of humor and thoughtfull, was ask'd on what her Thoughts could be turn'd to make her so very melancholy; her answer was, my head ran on a Thing, which as often as I reflect on gives me great Uneasiness, and which nevertheless I cannot keep out of my Thoughts: And it is, that since the Bodies of all must appear naked before the Tribunal of Christ at the Resurrection, I cannot bear the Grief which I am under, that mine must appear in the same Manner.

VI.

Un Mercatante Lucchese ritrovandosi una volta in Polonia, deliberò di comperare una quantità di Zibellini, con opinion

VI.

A Merchant of Lucca being once in Poland, determin'd to buy a considerable Quantity of Sables, hoping to make Ad-

nion di portargli in Italia e farne un gran guadagno. E dopo molte pratiche, non potendo egli stesso in persona andare in Moscovia, per la guerra tra 'l Re di Polonia e 'l Duca di Moscovia, per mezzo d' alcuni del paese ordinò, che un giorno determinato certi Mercatanti Moscoviti co i lor Zibellini venissero a i confini di Polonia; e promise esso ancor di trovarvisi, per praticar la cosa. Andando adunque il Lucchese co i suoi compagni verso Moscovia, giunse al Boristene, il qual trovò tutto duro di ghiaccio, come un marmo; e vide, che i Moscoviti, li quali per lo sospetto della guerra dubitavano essi ancor de' Poloni, erano già su l' altra riva, ma non s' accostavano, se non quanto era largo il fiume. Così conosciutisi l' un l' altro, dopo alcuni cenni, li Moscoviti cominciarono a parlar alto, e domandare il prezzo, che volevano de i loro

Advantage of them in Italy. But not being able to go in Person to Muscovy, because of the War between the King of Poland and the Czar, he engag'd by means of certain Peasants, some of the Muscovite Dealers in that Commodity, to bring their Skins to the Confines of Poland, and promis'd to meet them there and strike a Bargain with them. The Luchese going thereupon with some of his Companions towards Muscovy, came to the Boristhenes, which he found frozen hard as the very Marble, and on the other Side espied the Muscovites, who through Fear of the Poles durst not venture further. After some few Signs, each being known to the other, the Muscovites speaking as loud as they were able, told what they expected for their Sables: but so excessi-

ro zibellini: ma tanto era estremo il freddo, che non erano intesi, perchè le parole prima che giungessero all'altra riva, dove era quello Lucchese, e i suoi interpreti, si gelavano in aria, e vi restavano ghiacciate, e prese. Di modo che quei Poloni, che sapeano il costume, presero per partito di far un gran fuoco proprio al mezzo del fiume; perchè al lor parere quell'era il termine, dove giungeva la voce ancor calda, prima che ella fosse dal ghiaccio intercetta: ed ancora il fiume era tanto sodo, che ben poteva sostenere il fuoco. Onde fatto questo, le parole, che per spazio di un'ora erano state ghiacciate, cominciarono a liquefarsi, e discender giù mormorando, come la neve da i monti il Maggio: e così subito furono intese benissimo, benchè già gli uomini di là fossero partiti. Ma perchè a lui parve, che quelle parole dimandassero troppo gran prezzo per
i zi-

cessive was the Cold, that the Words freezing e'er they reach'd the opposite Side of the River, could not be heard there: The Poles, sensible how the Case stood, kindled instantly a great Fire in the midst of the River, for thither they supposed the Words to reach e'er the Cold stopp'd them: and the Fire was what the Ice, being so very thick, could easily bear. Upon this the Words, that had remain'd frozen for the Space of an Hour, began to thaw; coming towards them with that sort of Murmur, which the Snow makes in its Fall from the Mountains in the Month of May; and were perfectly well understood, thouhg by that time the Men on the other Side were departed. But because they seemend to set the Sables at too high a Rate, he refused coming to a Bargain, and retur-

è zibellini, non volle accettar il mercato; e così se ne ritornò senza.

turned home without them.

VII.

Tra i varj animali, ed altre cose rare, che i Portoghesi sogliono riportare dall' Indie, raccontasi, che fu una volta una Simia di forma diversissima dalle ordinarie, la qual giuocava a Scacchi eccellentissimamente: e tra l' altre volte un dì essendo innanzi al Re di Portogallo il gentiluomo, che portata l' avea, e giuocando con lei a Scacchi, la Simia fece alcuni tratti sottilissimi, di sorta che lo strinse molto: in ultimo gli diede scaccomatto; perchè il gentiluomo turbato, come sogliono esser tutti quelli, che perdono a quel giuoco, prese in mano il Re, che era assai grande, come usano i Portoghesi, e diede in su la testa alla Simia una gran scaccata; la qual subito saltò da banda, lamentandosi forte,

VII.

Among the various Animals and other Curiosities which the Portuguese are used to bring from the Indies, it's reported there was once an Ape, quite different from the Common sort, which play'd very skilfully at Chess: and the Person that brought her over, playing one time among many at that Game with her, in the Presence of the King of Portugal, the Ape made some very cunning Movements that greatly straitned him, and at last gave him Checkmate: at which the Gentleman much vexed, as all are who have the same Fortune at that Game, took the King in his Hand, which war very large, according to the Portuguese Cu-

te, e parea, che domandasse ragione al Re del torto, che le era fatto. Il gentiluomo poi la reinvitò a giuocare; essa avendo alquanto ricusato con cenni, pur si pose a giuocar di nuovo; e come l' altra volta avea fatto, così questa ancora lo ridusse a mal termine: in ultimo vedendo la Simia poter dar scaccomatto al gentiluomo, con una nuova malizia volle assicurarsi di non esser più battuta; e chetamente senza mostrare, che fosse suo fatto, puse la man destra sotto 'l cubito sinistro del gentiluomo, il quale esso per delicatura riposava sopra un guancialetto di taffetà, e prestamente levatoglielo, in un medesimo tempo con la man sinistra gliel diede matto di pedina, e con la destra si pose il guancialetto in capo, per farsi scudo alle percosse: poi fece un salto innanzi al Re allegramente, quasi per testimonio della vittoria sua.

Custom, and struck the poor Creature with it pretty smartly on the Head; at which she leap'd aside, making a heavy Moan, and seeming to demand Justice of the King for the Injury sustained. The Gentleman a little after call'd her to a second Game; she signified a Refusal for some Time, but at length comply'd; and reducing him to the same Straits as before; when she perceived the Victory clearly on her Side, her Care was to ward against another Blow; and while with one Paw she gave him a Mate with a Pawn, with the other she slipp'd a little Silk Cushion from under his Arm, and clapp'd it on her Head as a Defence against his Strokes: leaping about afterwards before the King, as triumphing for her Conquest.

VIII.   VIII.

VIII.

Paſſando Galeotto da Narni per Siena, ſi fermò in una ſtrada a domandar dell' oſteria; e vedendolo un Saneſe coſì corpulento, come era, diſſe ridendo: Gli altri portano le bolgie dietro, e coſtui le porta davanti. Galeotto ſubito riſpoſe: coſì ſi fa in terra di ladri.

VIII.

As Galeotto of Narni paſs'd though Siena, and ſtopping to get Information where he might lodge the moſt commodiously, was accoſted by a Fellow that ſaw him with a Belly almoſt up to his Chin; Sir, others carry their Luggage behind, but you yours before. So a Man ought to do, reply'd Galeotto, when he knows himſelf to be among Thieves.

IX.

Un Genoveſe, il quale era molto prodigo nello ſpendere, eſſendo ripreſo da un uſurario avariſſimo, che gli diſſe: E quando ceſſerai tu mai di gittar via le tue facoltà? Allor, riſpoſe: che tu di rubar quelle d'altrui.

IX.

A Prodigal Genoveſe, being reprov'd by a ſordid uſerer; who ask'd him, when he would leave off throwing away his money; aſwer'd, when you do, from ſtealing other People's.

X.

Un certo Signor Spagnuolo, parlando con una Dama attempata la lodò oltre le virtuose condizioni, ancor di bellezza: ed avendogli risposto la Dama, ch' ella non meritava tal lode per esser già vecchia, le disse: Signora, quello che di vecchio avete, non è altro, che lo assomigliarvi agli Angeli, che furono le prime, e più antiche creature, che mai formasse Dio.

XI.

Gein Ottomani, fratello del Gran Turco, essendo prigione in Roma, disse, che il giostrare, come si usa in Italia, gli parea troppo per ischerzare, e poco per far da dovero. Ed essendogli riferito, quanto il Re Ferrando minore fosse agile, e disposto della persona, nel correre, saltare, volteggiare, e tai cose, rispose:
che

X.

A certain Spaniard conversing with an aged lady, and besides her qualifications, extolling allo her beauty; to which she replyng, that such Praises did not sute with an old Woman, answered her, Madam, your Age it is that renders you like the Angels, the most ancient of all God's Work, as they were the first.

XI.

Gein Ottomani, Brother of the great Turk, and Prisoner in Rome, said of the Jousting we use in Italy, that it had something in it too much for a thing in Jest, and too little for one in Earnest. And when it was told him, how active Ferdinand the younger was, and of what Dexterity in
Ron-

che nel suo paese gli schiavi facevano quelli esercizj; ma i Signori imparavano da fanciulli la liberalità; e di questa si laudano.

Rouning, Leaping, Vaulting, and the like. His Answer was, that those in his Country were the Exercises of Slaves; but what Princes learn'd from their Infancy was Liberality, and on that they valued themselves.

XII.

Lorenzo de' Medici rispose una volta molto argutamente ad uno sciocco, il quale una mattina l'avea trovato in letto molto tardi, e gli rimproverava il dormir tanto, dicendogli: io a quest'ora son stato in mercato novo e vecchio, poi fuor della porta a San Gallo, intorno alle mura a far esercizio, ed ho fatto mill' altre cose, e voi ancor dormite? Disse allora Lorenzo: più vale quello, che ho sognato in un'ora io, che quello, che avete fatto in quattro voi.

XII.

Lorenzo de Medicis said to a simple Person, who surprizing him one Morning very late in Bed, reproach'd him for his Laziness telling him that he had been already in the Market, valked quite round the Town, and transacted a thousand Affairs; Why Man, said he, what I have dream't in one Hour, is of much greater Consequence than what you have been employ'd about these four.

XIII.

XIII.

XIII.

Il Re Alfonso d' Aragona essendo una mattina per mangiare, levossi molte preziose anella, che nelle dita aveva, per non bagnarle nel lavar delle mani; e così le diede a quello, che prima gli occorse, quasi senza mirar chi fosse. Quel servitore pensò, che il Re non avesse posto cura, a cui date l' avesse, e che per i pensieri di maggior importanza facil cosa fosse, che in tutto se lo scordasse; ed in questo più si confermò, vedendo che il Re più non le ridomandava: e stando giorni, e settimane, e mesi senza sentirne mai parola, si pensò di certo esser sicuro. E così essendo vicino all' anno, che questo gli era occorso, un' altra mattina, pur quando il Re voleva mangiare, si rappresentò, e porse la mano per pigliar le anella: allora il Re accostatosegli all' orecchio, gli disse:

XIII.

Alphonso King of Aragon one morning before dinner took from off his Fingers some Rings of great Value, to avoid wetting them; ande gave them to him that stood next, without seeming to mind who he was. The Servant thought the King hat taken no Notice to whom he deliver'd his Rings, and that midst his important Affairs, he might easily forget them wholly; of this he was the more confident, because the King never ask'd for them again: and Days, Weeks, and Months passing without any Mention of them, he look'd upon himself as perfectly safe. About the End of the Year wherein this happen'd, he planted himself a second time near the King, when he took off his Ring, and reach'd out his

se: baſtiti le prime, che queſte ſaran buone per un altro.

his Hand to receive them: when the King whiſper'd him in the Ear, you may be content with what you already have, theſe vill ſerve ſome one elſe.

XIV.

Eſſendo andato Scipione a caſa d'Ennio per parlargli, e chiamandolo giù dalla ſtrada; una ſua fante gli riſpoſe, ch'egli non era in caſa; e Scipione udì manifeſtamente, che Ennio proprio avea detto alla fante, che diceſſe, ch'egli non era in caſa; così ſi partì. Non molta appreſſo venne Ennio a caſa di Scipione, e pur medeſimamente lo chiamava ſtando da baſſo; a cui Scipione ad alta voce eſſo medeſimo riſpoſe, che non era in Caſa. Allora Ennio: Come, non conoſco io, riſpoſe, la voce tua? Diſſe Scipione: tu ſei troppo diſcorteſe. L'altro giorno io credetti alla fante tua, che tu non foſſi

XIV.

Scipio going to the Houſe of Ennius to ſpeak to him, and calling to him from the ſtreet, a maid anſwer'd, that he was not at home; which Scipio over heard her Maſter give her Orders to ſay; on this Anſwer he went away. It was not long after that Ennius made a Viſit to Scipio, and in like manner called for him at the Door, when Scipio himſelf anſwered him with a loud Voice, that he was not at home. How, not at home, reply'd Ennius, don't I know your Voice? You are very uncivil, ſaid Scipio, I believed your Maid the other Day when

in casa; ed ora nol vuoi credere a me stesso?

when she told me you was not at home, and now you won't believe I am not, though I tell you so my self?

XV.

In Spagna, come ancor in molti altri luoghi, usanza è, che quando si mena uno alle forche, se una meretrice pubblica l'addimanda per marito, donasegli la vita. Avvenne, che essendo Alonso Carillo alla Corte di Spagna, ed avendo commesso alcuni errori giovenili, e non di molta importanza, per comandamento del Re fu posto in prigione, e quivi lasciato una notte. Il dì seguente ne fu tratto; e così venendo a Palazzo la mattina, giunse nella sala, dove eran molti Cavalieri, e Dame, e ridendosi di quella sua prigionia, disse la Signora Boadilla: Signor Alonso, a me molto pesava di questa vostra disavventura; perchè tutti quelli, che vi cono-

XV.

'Tis the Custom in Spain as also in many other places to spare the life of one who is going to be hang'd, if a common strumpet demands him for a Husband. It happened that Alonso Carillo being at the Court of Spain, and having run into some youthful Errors, but such as were of no very great Importance, the King commanded him to Prison; where being confined one Night, the next Day he was released, and that very Morning coming to Court, he met with many of both Sexes; who all laugh'd at his Confinement: And I was mightily troubled, Alonso, said Boadilla, at your Mis-

noscono, pensavano, che il
Re dovesse farvi impiccare. Allora Alonso subito:
Signora, disse, io ancor ebbi
gran paura di questo; pun
avea speranza, che voi mi
dimandaste per marito.

Misfortune; for indeed
we all thought you in a
fair way to be hang'd. I
must own, reply'd Alonso instantly, I had some
Fear on that Account,
but was not out of Hopes that you would have
ask'd me for a Husband.

XVI.

Uno scolare Siciliano in
Padova, chiamato Ponzio,
vide una volta un Contadino, che aveva un pajo di
grossi Capponi; e fingendo
volergli comprare, fece
mercato con esso, e disse,
che andasse a casa seco;
che oltre al prezzo gli darebbe da far collazione: e
così lo condusse in parte,
dove era un Campanile,
il qual è diviso dalla
Chiesa, tanto che si può
vi si può d' intorno, e proprio ad una delle quattro
faccie del campanile rispondeva una stradetta
piccola. Quivi Ponzio
avendo prima pensato ciò
che far intendeva, disse
al Contadino: io ho giuocato

XVI.

One Pontio a Sicilian, a scholar at Padova
seeing once a Countryman with a pair of fat
Capons, and pretending
to buy them, agreed on
a certain Price, and bad
him follow him home,
for besides his Money,
he would give him something for his Breakfast: The Man attended, and Pontio led
him to a Steeple distant
from the Church, so that
one might go quite
round it; and one of
whose Sides was laid by
a little Street: Here
Pontio, having digested
his Plot, said to the
Countryman, I have
laid,

to questi Capponi con un mio compagno, il qual dice, che questa torre circonda ben quaranta piedi, ed io dico di nò; ed appunto allora, quand' io ti trovai, aveva comperato questo spago per misurarla; però, prima che andiamo a casa, voglio chiarirmi chi di noi abbia vinto: e così dicendo, trassesi della manica quello spago, e dielo da un capo in mano al Contadino, e disse: dà qua; e tolse i Capponi, e prese lo spago dall' altro capo; e come misurar volesse, cominciò a circondar la torre, avendo prima fatto fermar il Contadino, e tener lo spago dalla parte, ch' era opposta a quella faccia, che rispondeva nella stradetta; alla quale come esso fu giunto, così ficcò un chiodo nel muro, a cui annodò lo spago; e lasciatolo in tal modo cheto cheto se n' andò per quella stradetta coi Capponi. Il Contadino per buono spazio stette fermo, aspettan-

laid, Friend, this couple of Capons, that the Tower you see is not forty Foot about, as another Gentleman says it is: and the Moment before I met you, I bought this Packthread to measure it; pray therefore, before we go home, let us see who has won: Immediately taking the Capons out of the Countrymans Hand, and giving him one End of the Packthread to hold on the Side of the Steeple opposite to that which fac'd the Street, he with the other going round the Tower, as if his Intention had been indeed to measure it, when he was come exactly against the Street, fasten'd the Packthread to a Nail which he drove into the Wall, and then stole away with the Capons. The Countryman kept his Station for some Time; but after having often call'd, What are you about? What are you

tando pur, che colui finiſſe di miſurare; in ultimo poichè più volte ebbe detto: che fate voi tanto? volle vedere, e trovò, che quello, che teneva lo ſpago, non era Ponzio, ma era un chiodo fitto nel muro; il qual ſolo gli reſtò per pagamento dei Capponi. Di queſta ſorta fece Ponzio infinite burle.

you doing all this while? and no one coming near, or anſwering him, he went to ſee what the Matter was, and found the Packthread not held by Pontio; but a Nail, which was all he had left him for his Fowls. Infinite were the Pranks of this Nature that Pontio plaid.

XVII.

Camma fu una belliſſima giovane ornata di tanta modeſtia, e gentili coſtumi, che non meno per queſto, che per la bellezza era maraviglioſa: e ſopra l' altre coſe con tutto il cuore amava ſuo marito, il quale ſi chiamava Sinatto. Intervenne, che un altro gentiluomo, il quale era di molto maggiore ſtato che Sinatto, e quaſi tiranno di quella Città, dove abitavano, s'innamorò di queſta giovane. E dopo d'aver lungamente tentato per ogni via e modo d'acquiſterla, e tutto in

XVII.

Camma was a very beautiful young Woman; and her Modeſty & good Breeding were not leſs remarkable than her Beauty: Above all, she paſſionately lov'd her Husband, whoſe Names was Synatto. Now it happen'd, that another Gentleman, in Fortune ſuperior to Synatto, and almoſt arbitrary in the City where they liv'd, became inamour'd of this young Woman. He try'd all Ways and Means to gain her Affection, but all in vain. At

in vano; persuadendosi che l'amor, che essa portava al marito, fosse la sola cagione, che ostasse a' suoi desiderj, fece ammazzar questo Sinatto. Così poi sollecitando continuamente, non ne potè mai trar altro frutto, che quello, che prima avea fatto. Onde crescendo ogni dì più questo amore, deliberò torla per moglie, benchè essa di stato gli fosse molto inferiore. Così richiesti i parenti di lei da Sinorige (che così si chiamava lo innamorato) cominciarono a persuaderla a contentarsi di questo; mostrandole il consentir essere utile assai; e il negarlo pericoloso per lei, e per tutti loro. Essa, poichè loro ebbe alquanto contraddetto, rispose in ultimo esser contenta. I parenti fecero intendere la nuova a Sinorige; il qual allegro sopra modo, procurò che subito si celebrassero le nozze. Venuto adunque l'uno, e l'altro a questo effetto solennemente nel Tem-

At length fancying her Fondness for her Husband to be the only Obstacle to his Desires, he caus'd Synatto to be assassinated. After which he repeated his Solicitations, but with no better Success than before. His Passion increasing more and more, he resolv'd to make her his Wife, not withstanding her being unequal to him in Rank. In short, Synorige, for so he was call'd, demanded her of her Friends in Marriage, who persuaded her to embrace the Offer; representing to her the Advantages, if she consented; and the Dangers, which threatned both her and them, if she refus'd. At length, after some Difficulties, she declar'd herself content to have him. And they sent the News of it to Synorige; who with great deal of Joy, press'd to have the Marriage celebrated out of hand.

Tempio di Diana; Cammia fece portar una certa bevanda dolce, la quale essa avea composta, e così davanti al simulacro di Diana, in presenza di Sinorige, ne bevè la metà: poi di sua mano (perchè questo nelle nozze s'usava di fare) diede il rimanente allo sposo: il qual tutto lo bevè. Camma come vide il disegno suo riuscito, tutta lieta a piè dell'immagine di Diana s'inginocchiò, e disse: "O
,, Deá tu, che conosci lo in-
,, trinseco del cor mio, sia-
,, mi buon testimonio, come
,, difficilmente, dopo che il
,, mio caro consorte morì,
,, contenuta mi sia di non
,, mi dar la morte, e con
,, quanta fatica abbia suf-
,, ferto il dolore di star in
,, quella amara vita; nel-
,, la quale non ho sentito
,, alcun altro bene, o pia-
,, cere, fuor che la spe-
,, ranza di quella vendet-
,, ta, che or mi trovo a-
,, ver conseguita. Però
,, allegra, e contenta,
,, vado a trovar la dolce
,, com-

hand. Both therefore with great Solemnity, went to te Temple of Diana; where Camma calling for a certain sweet Draught of her own preparing, before the Image of Diana, and in the Presence of Synorige, drank one half of it: The other half (according to custom) she presented to her Spouse, who drank it all off. Camma seeing her Design accomplish'd, kneel'd down before the Shrine, and thus put up her Address: "O Goddess,
,, who knowest the Se-
,, crets of my Heart,
,, do thou testify for
,, me, with what Dif-
,, ficulty I have ab-
,, stain'd from killing
,, my self, after the
,, Loss of my dear
,, Spouse, and with
,, what Reluctancy I
,, have shay'd behind
,, him in this bitter Li-
,, fe; where I have tasted
,, no other Happiness
,, nor

" compagnia di quell'ani-
" ma, che in vita, ed in
" morte, più che me stes-
" sa ho sempre amata. E
" tu scelerato, che pen-
" sasti essere mio marito;
" in iscambio del letto nu-
" ziale, dà ordine, che
" apparecchiato ti sia il
" sepolcro; ch'io di te fo
" sacrificio all'ombra di
" Sinatto ". Sbigottito Sinorige di queste parole, e
già sentendo la virtù del
veneno, che lo perturba-
va, cercò molti rimedj,
ma non valsero. Ed ebbe
Camma di tanto la fortu-
na favorevole, o altro che
si fosse, che innanzi che
essa morisse, seppe, che Sinorige era morto. La qual
cosa intendendo, conten-
tissima si pose al letto con
gli occhi al Cielo chia-
mando sempre il nome di
Sinatto, e dicendo: " O
" dolcissimo consorte! or
" ch'io ho dato per gli ul-
" timi doni alla tua mor-
" te e lacrime, e ven-
" detta; nè veggio che
" più altra cosa qui a far
" per te mi resti; fuggo
" il mondo, e questa sen-
" za

" nor Pleasure, except
" the Hope of that Re-
" venge which I have
" now obtain'd. The-
" refore with pleasu-
" re, I go to enjoy
" the sweet Society
" of that dear Soul,
" whom, both in Life
" and Death, I lov'd far
" better than my own.
" And thou monster
" who thoughtest to be
" my Husband, instead
" of the nuptial Bed,
" order thy Grave to
" be made ready; for
" I offer thee a Vi-
" ctim to the Manes of
" Synatto ". Synorige
startled at these Words,
and finding the Poison
already to work within
him, he try'd several Re-
medies, but they prov'd
ineffectual. Lamma be-
fore she dy'd, heard the
news of the death of
Synorige; which gave
her so much Pleasure,
that she quietly laid her
self down upon her Bed,
and with her yes to
Heaven, continu'd to the
last calling upon Synat-
to.

,, za te crudel vita, la
,, quale per te solo già
,, mi fù cara. Vieni
,, adunque incontro, Si-
,, gnor mio, ed accogli
,, così volentieri questa
,, anima, come essa vo-
,, lentieri a te ne viene ".
E di questo modo par-
lando, e con le braccia
aperte, quasi che in quel
punto abbracciar lo volesse, se ne morì.

to. " O my dear Par
,, ner! said she, I hav
,, paid the last Offices,
,, which were wanting
,, to thy Death, both
,, Tears and Revenge;
,, and nothing now re-
,, mains that I can do
,, for thee : I fly the
,, World, and this Life,
,, which witthout thee is
,, miserable, and which
,, I never valu'd but for
,, thy fake alone. Come
,, then, and meet me,
,, my dear Synatto, and
,, with the fame Readi-
,, ness receive this Soul,
,, with which it flies to
,, thee ". With these
Words and with open
arms, as if that Mo-
ment she was about to
embrace him, she ex-
pir'd.

XVIII.

Avendo Ciro in un fat-
to d'arme rotte un esercito
di Persiani, essi in fuga
correndo verso la Città,
incontrarono le lor Donne
fuor della porta, le quali
fattesi loro incontro, dissero:

XVIII.

Cyrus, in an Enga-
gement having routed
the Persian Army, they
fled with great Precipi-
tation toward the City,
at the Gates of which
they found their Wo-
men.

fero: *Dove fuggite voi, uomini vili? Volete voi forse nascondervi in noi, onde siete usciti? Queste, ed altre tai parole udendo gli uomini, e conoscendo quanto d'animo erano inferiori alle lor Donne, si vergognarono di se stessi, e ritornando verso i nemici, di nuovo con essi combatterono, e gli ruppero.*

men, who, advancing to them, said, Base Cowards, wither are you running? Do you think to hide your selves within our Bodies, from whence ye came? These and such like Expressions the Men hearing, and perceiving how much in Courage they were inferior to their Women, where ashamd of themselves, and turning back upon their Enemies, engaged them a new, and gained a compleat Victory.

XIX.

Una Contadinella di Gazuolo in Mantovana essendo ita con una sua sorella a raccorre spiche ne' campi, vinta dalla sete, entrò in una casa per ber dell'acqua; dove il padron della casa, che giovane era, vedendola assai bella e sola, presala in braccio, prima con buone parole, poi con minaccie cercò d'indurla a far i suoi piaceri: e contrastando essa

XIX.

A Country maid of Gazuolo in the State of Mantua, going with her Sister to glean in the Fields, and being thirsty went into a House to get some Water to drink, the Master of the House being young, and finding her hand some and alone, took her into his Arms, and first with good words, then with Threats try'd

essa sempre più ostinata-
mente: in ultimo con mol-
te battiture, e per forza
la vinse. Essa così scapi-
gliata, e piangendo, ri-
tornò nel campo alla sorella, nè mai, per molto ch'
ella le facesse istanza,
dir volle, che dispiacere
avesse ricevuto in quella
casa: ma tuttavia cammi-
nando verso l'albergo, e
mostrando di racchetarsi
a poco a poco, e parlar senza perturbazione alcuna,
le diede certe commissioni.
Poi giunta che fu sopra
l'Oglio, ch'è il fiume, che
passa accanto Gazuolo, al-
lontanatasi un poco dalla
sorella, la quale non sa-
pea, nè immaginava ciò
ch'ella si volesse fare, subito vi si gittò dentro. La
sorella dolente, e pian-
gendo l'andava secondan-
do, quanto più potea,
lungo la riva del fiume,
che assai velocemente la
portava all'ingiù. Ed ogni
volta che la meschina ri-
sorgeva sopra l'acqua, la
sorella le gittava una corda, che seco aveva recata,
per legar le spiche: e benchè

tryd'to obtain his De-
sires of her: She strug-
gled as long as she was
able; but at length
weary'd with Blows,
and finding him too
strong for her, she was
forc'd to comply. When
she came back to the
Field, her Sister see-
ing the Disorder she
was in, and the Thears
trickling down her Fa-
ce, press'd her to de-
clare what ill Threat-
ment she had met with
in that House: But
without giving her any
Answer, she made the
best of her way home-
wards; then some what
composing her self and
speaking more calmly,
she desir'd her to do so-
me things for her. As
soon as they were near
the Oglio, which is the
River that runs by Ga-
zuolo, she left her Sister,
and without giving her
any notice or suspicion
of her Design, at once
flung herself into it. The
Sister as long as she was
able with doleful shrieks
and

chè la corda più d'una volta le pervenisse alle mani, perchè pur era ancor vicina alla ripa, la costante e deliberata fanciulla sempre rifiutava, e dilungava da se: e così fuggendo ogni soccorso, che dar le potea vita, in poco spazio ebbe la morte. Nè fu questa mossa dalla nobiltà di sangue, nè da paura di più crudel morte, o d'infamia, ma solamente dal dolore della perduta virginità.

and Cries ran along the Bank after her, and endeavour'd to keep Pace with the Stream, which was very rapid: Every Time that her Sister appear'd above water, she threw her the Cord, which she had for binding up the Corn: And tho' it often reached her, for she was yet near enough the Bank to take hold of it; yet the constant young woman very deliberately refus'd it, and push'd it from her: And thus shunning all Assistance to save her Life, by her own free Choice was quickly drown'd. Neither was she prompted hereto by Nobleness of Blood, or by the Fear of a more cruel Death, or by a Sense of Infamy; but only for the loss of her Virginity.

XX.

Andrea Coscia essendo andato a visitare un gentiluomo, il qual discor-

XX.

Andrew Coscia visiting a Gentleman, who sa te himself, and ne-

scortesemento lo lascieva stare in piedi, ed esso sedea, disse: poi che Vossignoria me lo comanda, per abbidire io sederò; e così si pose a sedere.

XXI.

Il Re Alfonso primo d' Aragona avendo donato ad un suo servitore arme, cavalli, e vestimenti, perchè gli avea detto, che la notte avanti sognava, che Sua Altezza gli dava tutte quelle cose; e non molto poi dicendogli pur il medesimo servitore, che ancora quella notte avea sognato, che gli dava una buona quantità di fiorini d'oro, gli rispose: Non crediate da qui innanzi a i sogni, che non sono veritieri.

never offer'd him a Seat, since you lay your Commands on me, said Coscia, I will, to oblige you, take a Seat; and seated himself immediately.

XXI.

Alphonsus the first King of Aragon having given a Servant of his, Arms, Horses and Cloaths, because he had told him that he dream'd the Night before that his Majesty hade made him such a Present; the same Servant told him he had again dream'd that he had received a great Sum of Money; he answer'd, for the future give no Credit to Dreams, since there is nothing in them.

IL FINE.